生まれ変わってもピアニスト

――山根弥生子自叙伝

山根弥生子

未來社

1970 年ごろの著者

1974年12月の家族写真。左から著者、比奈子、母、父

1952年のパリ時代。前列左より著者、田中希代子。後列左より西沢（園田）春子、清瀬保二、別宮貞夫、豊田耕児、遠山一行、甲斐直彦、柳川守

2015年ごろ、妹と

生まれ変わってもピアニスト——山根弥生子自叙伝

目次

生まれ変わってもピアニスト

――山根弥生子自叙伝

装幀——今垣知沙子

はじめに

長いようでこんなにも早く過ぎ去ってしまった人生の歩みを振りかえり、自分がどんなに恵まれた人生をたどってこられたのか。その幸いをもたらして下さった大勢の方々に少しでも感謝の気持ちをお伝えしたく自伝を書きとめることにした。

古い記憶をたどることは思いのほか大変。忘れていることも多いうえに年代の順が前後してしまうことが何回も起こる。手許に残っていた演奏会のプログラムやポスターなどから事実をなるべく正しく記したつもりではあるが、頼りにしていた古い旅券が出てこなくて、どんなルートで旅をしたのかはっきりしなくなったところも少しある。洗足学園時代にピアノ科でお教えしたことがあった木内緑さん（当時は伊藤緑さん）が私の汚い手書きの原稿をとにかく人様にいちおうお見せできるところまできれいな形にまとめて下さった。この数か月のご協力にとても感謝している。膨大な写真の山から適当なものを選び出す作業に協力してくれたいとこ春夫夫妻にも感謝したい。最後にピンチヒッターでまとめを手伝ってくれた森田純枝さんにもお礼申し上げたい。

また出版を承諾して下さった未來社の西谷社長、そしてもろもろの作業をして下さるスタッフの方々全員に感謝申し上げる。未來社からは父の『ベートーヴェン研究』が出版されていて先代の社長の時代からお世話になっていたのだが、今回も異例の早さで私の自伝をとりあげていただけることができた。じつは一年前にもつらい思い出があった。日本の作曲家七人の作品をまとめたCDをコジマ録音から出したが、七人のうち最後にまだご存命のひとりの作曲家、甲斐直彦さんに私の演奏をきいていただきたかったのにCD製作のもろもろの作業で手間どっているあいだに甲斐さんが他界されてしまったとても残念な思い出がある。とにかく善は急げということでとても強引なお願いをしてしまったのにもかかわらず、この仕事を快く引き受けて下さった未來社社長のご厚意に重ね重ね心から感謝申し上げたい。

1　生い立ちとピアノとの出会い

一番古い記憶はその頃の麹町の家。市ヶ谷から細い帯坂を上った左角にあった古い家は大きな木造の門をくぐると広い玄関があった。駕籠がそっくり入るくらい大きい。昔のお殿様がそこで駕籠から降りて入っていったものと考える。かなり広い庭には樫の大木があり夜にはよく梟が鳴いていた。ホーホーと鳴くのを聞くととても穏やかな気分になった。後に梟は不吉な鳥とされていると聞きびっくりする。「ここが番長皿屋敷の跡地です」と説明する案内の人がいたが、まさにそんな空気が漂う所だった。父方の祖父銀蔵さんが最後に住んでいたのがこの家だった。体力も知力も抜群だったに違いない彼が常識では考えられない行動力で人生を切り開いたと考えられる。鳥取の田舎町で山根家に養子に入ったらしい。どうしても東京へ出てきたい一心で汽車賃が高いため、杖をついて徒歩で出てきたと聞く。いったいどんな道筋を通ったのだろうか。箱根の山越えで追剝ぎにやられて一文無しになったと聞く。東京で鳥取出身の殿様にいろいろ相談できるかと訪ねたところ、玄関先で小銭を投げつけられたという。つまり乞食扱いを受けたらしい。そこで憤然と小銭を投げ返して自力で歩む道を探したのだ。昼間は人力車の車夫として稼ぎ、夜は明治大学の夜学に通って勉強した。夏は氷屋、冬は焼き芋屋というように何でもやって財を成していったと聞く。奥さんとなった三代さん（私の父方の祖母になる）とはどこで出会ったのだろうか。昔の人は出会いなど話さないから何もわからない。とにかく生粋の江戸っ子で「さ」と「し」が混同して「朝日新聞」が「あさしひんぶん」となるにはびっくり。私たちはさすがにこの「さ」と「し」の入れ違いには同調しなかったが他の発音は「それ違う！」とよく直されたものだった。耳がとても良く三味線が上手で師匠から可愛がられていたようだ。この三代おばあさまの音楽的素質は子供と孫にも遺伝したのかも知れない。長男の銀一さんはピアノ、二男の銀二（父）は音楽学、三男銀三郎さんは画家になりたかったと聞く。ヴァイオリンを弾いた長女は関東大震災のあと病死、次女春子さんは養女に、「四」は縁起が悪いとして四番目が銀五郎さんとなる。銀五郎さんは声楽、銀六郎さんはピアノ、銀七郎さんはチェロなど大勢が音楽に関わっている。母方の祖父根本務さんはどこの医学部出身かわからないが、人望厚い医者で気仙沼で開業し、後に仙台でも開業。奥さんの小山紫竹さん（本名は「くらの」、私たちはペンネームの紫竹で呼んでいた）とは東京で出会ったらしい。紫竹さんは女は高い教育など不必要と言われた時代に男と同じようには大学に入れてもらえなかったが、女が入れる最高の学校教育を受けさせてもらったらしい。

同窓生に女子医大創立者や津田塾大学の学長などそうそうたる名前が並ぶ。紫竹さんは歌人で謡作りに没頭していた、楽観的な明るいおばあ様だった。根本務さんは五〇歳で結核で亡くなり、一人息子も三〇代で同じ病に倒れ、その姉二人も病身であった。なんとも典型的な不幸な運命であったが紫竹さんは明るく長生きして下さった。根本家の没落ぶりはチェホフの『桜の園』そのものだと母が言っていたのを思い出す。

父は子供の頃からかなり変人扱いされていたらしい。神田っ子で幼稚園は年間無欠席。でも愉しくなかった様子。学校の成績は良くもなく、帰って来るとすぐに兄の銀一さんを大将として近所のガキ大将と戦争ごっこに明け暮れ。高校入試の前には先生に呼ばれて、「いったいどうするつもりか、丁稚奉公にでも行く気か」と聞かれ、初めて受験の大変さに気づく。さて、大変！となり神田の本屋で参考書をあさり、三ヶ月間猛勉強。数学と物理学が得意でアインシュタインのような学者になりたかったと聞く。試験の日にはすっかりあがってしまって、全部問題は解けたのに、最後の単純な計算がどうやってもできなくなってしまう。仕方なく、その旨をしっかりと説明して書き記したそうだ。それが買われて試験を無事通過。一高に合格できた。さすがに嬉しかったそうだが、彼を見下していた先生が合格したとたんに彼を急に英雄扱いするのがとても不愉快だったと言う。銀蔵おじいさんは父の一高合格をことのほか喜んでご褒美に当時最高級のアメリカ製蓄音機を買ってくれた。それが音楽にのめり込んでいく動機となり、そのころ読んだロマン・ローラン『のジャン・クリストフ』に感激してベートーヴェンへの傾倒が深まっていく。東大では理科から文科美学科に移り、音楽美学に本腰を入れることになった。東大で新人会に入会。無産者新聞の編集の手伝いに来ていた所で、私たちの母となる根本和子（すずこと読む）に出会うことになった。そのころ母は留学のため渡米するつもりだったらしいが、父が全力で引き留めて結婚に漕ぎつけたと聞く。父は先見の明があった。彼女なしでは後の父の仕事は量も質も半減したに決まっている。美人でしかも気の利いた母は山根家全員に気に入られる。根本務さんも偉かった。これからの時代は国際的な仕事をするために外国語を身に着ける必要があると考えてずば抜けて英語教育を重視する宮城女学校に娘を入れたのだから時代をよく読んでいたのだ。彼女は慈恵医大のドクターたちの論文の英訳を手伝い収入を得て家計を助けた。「音楽は男の一生の仕事ではない」という当時の風潮に逆らって音楽の道に入ってしまった父。最初は反対していた銀蔵さんも息子の出演したラジオ番組での話ぶりを聞いて感心して「音楽をやれ」と言ってくれるようになった。

私の生まれた翌年に祖父は亡くなってしまったので残念なことに私は祖父との思い出はまったくないがとにかく初孫ということでめちゃくちゃ可愛いがってもらったと聞く。比奈子（妹）が生まれた一九三五年頃、父は一時大森に住み、当時の新響（後のＮＨＫ交響楽団）の練習場に足繁く通いオーケストラに関するたくさんの知識を深めた様子。その後、再び市ヶ谷の銀蔵さんの住んでいた場所に戻る。銀一さん、銀三郎さんも家庭をもち近くに住んでみんな仲良く行き来していた。

私と比奈子は前後して、番町幼稚園に入る。

その頃の私の悩みは食べるのがとにかくのろいこと。時間内に食べ終わることができない。お弁当は毎日残して持ち帰る始末。比奈子はまともでそんな変な癖もなく無事に過ごした。小学校は地続きの番町小学校でいちおう無難に通ったようだがあまり良い成績ではなかった。心配した親がときどき家庭教師をつけて授業のつっかえ棒にしてくれていた。とにかく競争心ゼロで何事もそんなに一生懸命にはやらない。学校がイヤでたまらないというほどではないが、決してそんなに面白くもないのでひたすらのんびり従っていった感じ。行き帰りは道草を食いながらのろのろと家へ帰って行った。所謂「人さらい」(誘拐)を恐れて「道中誰に声をかけられても決して答えてはいけない」と言われていたので、知人に「こんにちは」と言われても答えずに知らん顔で歩いて行ったという。可愛くないことこの上なし。

日中、父は書斎で原稿を書いたり本を読んだり調べものをしたりしていた。寒がりで「どてら」を着込んで仕事をしていることが多かった。ヘビースモーカーで一日四〇本~五〇本もたばこを吸っていた。我々はたばこの臭いは好きではなかった。幸い後に父はきっぱりとたばこをやめてくれて我々も一安心。夕方からはほとんど毎日音楽会に出かけていた。帰りには友人を連れて帰って来ることもしばしばあった。母は大勢のお客にもにこやかに対応していた。常にお客用の食物の用意があって不意のお客にもいつでも困らないおもてなしができて、当然のことながら、母の評判は抜群に良かった。批評家の父は立場上思い切った考えを書いたり話したりせざるを得ない。煮え切らない話などもってのほかで敵が多くなるのは宿命と言えよう。夜、隣の部屋でのお客様たちのおしゃべりに聞き耳を立てるのは子供心にも面白かった。話の中身は音楽界のもろもろの課題でその内容など理解できないに決まっているにも関わらず好奇心をそそられた。小倉朗さん、安部幸明さん、蓑作秋吉さんなど飲み仲間らしかったが、池内友次郎先生もときどき見えて帰り際には必ず「一高東大卒！　大嫌い！　もう帰る！」と大声で宣言しながら帰って行くのが常で、母がいつも大笑いしていた。父は出身学校がどこであろうとまったくこだわりをもたない一匹狼的存在だったと思っているが著名俳人を父にもち主にフランスで教育を受けられた池内先生とは妙な意識のズレがあったのかも知れない。

子供に対する音楽の教育を両親はまったく急がなかった。音楽家の生活がいかに大変かよく分かっていたためか自分たちからその方向に誘導しようとは考えなかったのだと思う。ただし万一ピアノがどうしても好きになった時に教育を遅く始めたために間に合わなくなるのは可哀そうだからと、二人ともピアノとソルフェージュは小学校入学前後頃にレッスンを始めてくれていたと思う。

なんであのころ遊ぶのがあんなに楽しかったのか分からない。遊んでいるとお迎えが来て家に帰らないわけにはいかない。ヤレヤレ、仕方ない、練習させられる！　とまるで他人事。特にソルフェージュで譜面を読むのは一番面白くなくてうんざり。上達するはずがない。いっそのこと全部覚えてしまおうか、とも考えるが、音符は多くて複雑でとてもムリ。ピアノの曲も何を弾いているのか、つまりなんでも弾きたくなかったのだったから、誰の何の曲でも知ったことではない。これでは教えてくださる先生方も大変苦労なさったと思う。家が近くて兼松雅子、信子先生お姉妹に教えて頂いていた。玄関の近くに大きな犬が二匹いてその犬たちが出てくるのにはビクビクした。井口基成先生の愛弟子の富永るり子先生も家に出向いて教えてくださった。

一九四一年十二月にとてつもない不幸な戦争を日本が始めてしまう。

番町小学校にも将校らしき人物がやって来て、講堂で戦争讃歌の演説をする。記憶に残っている少し不思議な言葉「戦場で死ぬ前に天皇陛下万歳！」と言うのも「お母さん」というのもどちらも正しい、と彼は言う。「それは、どうしたって、お母さんでしょう！」と私はそのとき思った。でもいま考えればあの時代に天皇よりお母さんに心を寄せていたのは、ある意味でずいぶんましな考え方だったと思う。あの頃は地方から出征する若い兵隊さんを家に泊めてお食事を出して送り出してあげることが何回もあった。当番のように順番が決まっていてずいぶん大勢いらしたような気がする。翌朝出発される若い兵隊さんたちに父は別れのお酒を振る舞ってあげていた。汗の滲んだカーキ色の軍服。それを見ただけて気の毒でたまらない。今でもカーキ色は嫌いな色だ。

空襲警報のサイレンの唸り、燈火管制で夜も光をもらさないよう電灯に黒い布をかぶせ、街は暗くなり警報のサイレンになんとも言えない不安感が募る。物資は食料も含めてだんだんに不足して手に入らなくなっていく。

一九四三年、東京を出て鎌倉の銀蔵さんがもっていた別荘に親類がみんなで部屋を分け合って住む。私は小学校六年生、比奈子は四年生の時に鎌倉駅に近い御成小学校で過ごした。陰湿ないじめはなかったものの、「疎開、疎開」とはやしたてられて、ときどき行き帰りの途中で男の子たちに石を投げられたりした。取っ組み合いならなんとか勝ち目もあったと思うが、石が飛んでくるのには困った。御成小学校では番町小学校より、軍事色が強まった。朝登校のとき、校門には男の子たちが敬礼して立っていて行列を作って入っていく。生徒たちは通過するさい、わざわざ足を高く上げて行進調で入って行かなくてはならない。とてもイヤな気持ちだが、逆らうわけにはいかないので仕方なくイヤイヤながら従う。空襲のサイレンが鳴ると、父は私たち姉妹を自転車で迎えに来てくれた。心強かった。他の子供たちが羨ましそうに見ていたのを思い出す、幸いにまだ鎌倉に爆弾が落ちることはなかったが、戦況は悪化の一途をたどる。

一九四五年春頃、東京は空襲の頻度は増し、交通も乱れてくる。母の出身地である気仙沼に再疎開する。上野駅の改札の前に座り込み汽車が動いてくれるのを待つ。近くには親を失った浮浪児たちもウロウロしている。可哀そうだが助けようにもないのが現実。それでも両親と四人でなんとか発車する東北線の汽車に乗ることができた。しかも客席などもうまったくない。超満員でやっと運転手の好意でなんとか機関車の石炭の山の上に乗せてもらった。石炭の山は燃えてだんだんと低くなっていくたびに足許がずり落ちる。怖いがなんとかつかまって乗っていた。トンネルに入ると煙が充満する。それでも夜には関東平野の境の白河駅まで到達でき汽車を降りた。駅前の宿はもう空き室なしと断られるが、やっと無理に頼んで泊まらせてもらった。翌日、どんなふうに気仙沼まで行ったのか、まったく覚えていない。一関で乗り換えて大船渡線で気仙沼に着いたものと思う。通称「斎倫」母のいとこが当主だったがそこの二階に泊めてもらう。三ヶ月くらい世話になりその後、他の親戚の家の通称「つるんつあん」家の一室を借りてやっと何か月か後に町はずれの丘のふもとに小さな一軒家を借りて移った。

父は東京と気仙沼を行ったり来たりしてくれていた。いま考えてもあの最悪な交通事情をどうにか乗り切ってくれたのだ。家族を思う父に感謝。東京では銀一伯父と父が交代して銀蔵さんの住んでいた家を守っていた。

東京の五月二十五日の空襲でこの家は全焼する。その夜泊まっていた銀一伯父は幸いにも無事逃れてくれた。ほっとする。全員で彼に感謝。銀一伯父はどんなに大変な思いをされたかと思う。幸いケガもなく本当に良かった。市ヶ谷駅のあたりは死体の山だったと聞く。知らせの電報を受け気仙沼で母子三人で泣いた。あの頃は手紙も電話も使えなくて電報が頼りだった。気仙沼での生活はその後も続く。

比奈子は小学校六年を気仙沼で終了。私は体も強くないので働かされるのを避けて休学してしまう。あの頃の学生はみんな学業放棄で工場に送られていた。

終戦の日には父がちょうど気仙沼にいてくれた。昼に天皇の放送があるという。ラジオを聞いたが音がざわめいてよく聞こえない。たぶんもう少し頑張って戦争を続けるということかと思いきや戦争をやめて降伏するとのこと。父と母の喜び方はとてつもなく大きかった。子供の方は半分何だかよくわからなくてポカンとしていたが、だんだんに恐い戦争が終わったことに安心した。

終戦の二、三日前には田舎町の気仙沼までが空爆されるほど戦火は迫っていてとても恐い目にも出会っていた。そのころ町はずれの山のふもとに小さな家を借りて住んでいたが、空爆が始まり町の魚の加工工場が標的にされ、逃げる私たちの頭上でパイロットの姿が見えるくらい低空で飛ぶ飛行機から発射される銃弾の音が聞こえる。もうダメかと思った。幸い真上で撃った弾は真下には落ちないので助かったわけだがいまだに思い出すほど恐ろしかった。理由が何であれ戦争だけはやってはいけない。また鎌倉の家に戻った。東京で家が焼けて行き場を失った親戚が部屋を分け合ってなんとか暮らした。電力不足で夜になると毎晩停電して暗闇が続く。仕方なくそのあいだ寝て夜中になってやっと電気が点くと起きだして仕事をした。疎開の連続でピアノはないし先生も戦争に取られていらっしゃらない。これなら怠けられて「しめた！」と思いながらも、妙なことにだんだんピアノに向き合いたい気持ちも出てくる。不思議。鎌倉に出張してレッスンしてくださっていらした三宅洋一郎先生に指導していただくことになる。一〇人ほどの生徒さんのなかに入れて頂いて、そのなかには山岡優子さんもいらした。少女ピアニストとしてその頃もうラジオの番組などに出演していた彼女はみんなの憧れの的だった。日本での「おさらい会」は後にも先にも三宅先生主催のフェリスの講堂で開かれた会に出して頂いたのが一回あるだけ。幼稚な私を引っ張って下さった三宅先生に感謝。フンメルのソナタを弾いた記録と全員舞台に並んで撮ったためずらしい写真がある。なんと私は運動靴を履いている。あのころ靴ひとつなかった時代、あれが一番ましな履き物だったのだ。以前教えて頂いたことのある井口基成先生にも兵役から戻られたあと、ときどきご指導いただいた。酒豪の先生は父と気が合ってよく楽しいお酒の時間をご一緒したようだった。

鎌倉の家でのことだったか井口基成先生や父とも仲の良いチェロの鈴木聡先生もいらっしゃったことがたびたびあった。基成先生ははっきり言ってその頃の私にはかなり「怖い」先生で些細なことができなくては叱られていた。「親が悪い！　こんなに甘やかしてしまって」と私自身より親が叱られるのには閉口。いま思えば大したことでないはずのことだが、ある日バッハのInventionの一曲でトリルの右手三つの音を左二つのバスに合わせるというようなかなり簡単なことがどうしてもできなくて先生の怒りが爆発。でも基成先生の言われることの正しさは全体的にとても理解できて先生は魅力的な大人物であることを私はその頃から自覚していた。もっと大人になってから先生といろいろお話できなかったことは本当に残念に思う。勉強する曲を選ぶ時も基成先生の選曲は非常に的を射ていた。

安川加寿子先生には戦後三宅先生の後に見て頂けることになったかと思う。中央線の国分寺だったか立川だったか、とにかく遠い所にお住まいで鎌倉から一日がかりで行った記憶がある。今まで怠け放題の幼稚な弾き方で、安川先生もさぞ困っていらしたかと思う。まさか、父の手前断るわけにもいかないので教えて下さっていたと推察する。申し訳ないことこの上ない。「もうちょっとなんとかならないの？」と言われてもっともなことながらその「もうちょっと」の中身が当時の私には手に届かないところにあったのだ。こうなるとスパルタ的練習もある程度必要なのだ。

戦後の鎌倉での生活は大変だった。母は英語力で家族を数年支えてくれた。ＧＨＱのあった有楽町まで鎌倉から満員の横須賀線で通った。そのころ出版物にはすべて検閲が課せられていた。英訳した内容を報告して許可を得ないと出版できないのだが、母はずいぶんと日本の伝統を正しく理解させるため心血を注いで働いた。日本の仇討の伝統が決して現実に日本人がアメリカ人に対してもつ感情ではないことを分からせるのは大変だったらしい。でもいくつかの出版物がつまらない誤解を避けて世に出られたのはとても良かったと思う。父は毎日家から自転車の後ろに母を乗せて駅まで見送った。満員電車に押し込んで家に戻って来ては、その後、日向を選んでは小さな机を移動しながら原稿を書いていた。広くない庭は以前は芝生だったが戦争が激しくなってからは食料を調達する畑と化していた。じゃがいも、さつまいも、かぼちゃなど収穫後重さを計って並べた縁側はかぼちゃだらけ。土が痩せていたせいかかぼちゃやイモ類も水っぽくて美味しくなかったが文句など言える時代ではない。夏にはきゅうり、なす、トマトも植えた。きゅうりは一番うまくできたが、なすは少し難しくトマトに至ってはなかなか育たなかった。池があり、鯉を食料にするために稚魚から育てたが、とても食べる気になれない。ずいぶん大きく立派に育ったがそのうち池の水と共に下流の流れに逃げて一匹もいなくなってしまった。卵を得るのに鶏も飼った。ときどきイタチに襲われて可哀そうな目に遭ってしまった子もいたが長いこと貴重なたんぱく源を我々に供給してくれた。戦争は終わったが生活はなかなか大変だった。そんなに大変ならいっそのこと田舎に引っ込んで百姓でも炭焼きでもしようかと親類から意見が出たが母が猛反対。こんなまさかのことがまかり通っていたら、父が書くはずの多くの出版物は日の目を見なかったことになる。

私たちの学校生活もかなり、特別な形を取ることになった。比奈子は気仙沼で小学校六年を卒業して鎌倉に戻った。私の方は短期間、鎌倉女学校に入ったが、体育の先生とぶつかる。授業はなんと、海岸に海藻を拾いに行くこと。畑の肥料のためだがなんとも変な体育の授業で、海藻をうまく拾えない子に自分の分の海藻をあげてしまう。当然私の分はなくなり、先生に怒られる。この話を聞いて父は黙ってはいない。「そんな学校は辞めてしまえ！」と、すぐに退学願いを出して辞めてしまう。そんなところに母は勤め先のGHQの同僚からその父上の細井次郎先生を紹介された。ちょうど横須賀の米海軍の基地の隣に新しく清泉女学院が開校することになる。学長はスペインのカトリックの尼僧だが、実質的には細井次郎先生（のち、一九五二年から南山大学教授）がすべてを取り仕切っていらした。人間的にとても立派な素晴らしい方でご自身はカトリックでも決して押しつけることもなく、伸び伸びとした独自の教育法で我々に接して下さった。両親も細井先生とすっかり気が合って納得。すぐ姉妹二人揃って開校第一号として入学してしまったわけ。現在の名門校清泉女子大附属の学校だったら、とても入れなかったと思う。私がその後、心おきなくピアノに打ち込むことができたのも、あの頃の細井先生のお陰だったと思う。そんななかでも私が少しピアノに目覚め始めていたことを察してくれた父は、アップライトのピアノでは限界

1950年11月ころ。左から池内友次郎、安川加壽子、レザール・レヴィ、著者、レヴィ夫人、母、宅孝二

があるからグランドピアノで練習させたいと考えてグランドピアノを買ってくれてしまった。高利貸しからめっぽう高い金利で借金することはとてつもなく大変だったのに、良い楽器が売りに出たのを逃さず買ってくれてしまったらしい。感謝以上に申し訳なく思った。中古の「シードマイヤー」。明るい軽めのタッチで私にはもったいないくらいの良い楽器だった。父に連れられてずいぶん頻繁に東京の音楽会にも行くことができ、これもまず七光りのお陰だったと思う。

そのうちに戦後初めての海外からの音楽家としてレザール・レヴィ来日があった。このレヴィ先生の演奏が私に革命を起こしてしまった。ピアノの素晴らしさに全身の魂を奪われたというか、ピアノを弾きたいという心が何にも増して抑えられない欲求となってしまったと思う。東京で聴けるレヴィ先生の音楽会をたぶん全部聴きに行ったと思う。公開レッスンは応募したが、最初はもう満員で入れてもらえないと断られたが、なんとか最後に滑り込ませていただいて公開レッスンに出られることになった。怱怱たる先輩のなかに入れて頂いてなんとかモーツァルトのニ長調のソナタを弾いたら、どうしたことか、レヴィ先生に気に入って頂くことになった。ひどく幼稚な演奏が逆にレヴィ先生の関心をそそったとしか思えないが、同じ日に弾いた柳川守さんには「ホロヴィッツの再来」とお褒めの言葉があったのは当然である。田中希代子さんは前の年に渡仏されていて既にもうレヴィクラスを卒業されていた。希代子さんを私はとても尊敬していた。年齢からしてたった一歳違いなのにまさに月とスッポンくらいの差があって、なんて偉い方だと尊敬の念で見ていた。作曲家の石井歓さんがフランス留学の前に私の両親と会いたいとのこと。その席で歓さんは、お嬢さんをフランスに送った方が何より早い、当時大変だった送金の方法等いろいろ教えて下さったらしい。父はピアノのシードマイヤーの部品を石井さんに買って来てもらいたいとのお願いを伝えたところ話は発展して、そんなまだるっこいことをしないで、お嬢さんを留学させてしまえということになったのだった。両親が石井さんとの会合から帰って来て「お前、行くか？」と聞くので即座に「行きます！」。二、三秒で決まってしまった。何も迷うことなくこんなありがたい話に乗れた幸せはまったく考えられない。両親の大変な苦労も考えないでなんという無茶。

フランス語の手ほどきは母の従弟の通称『ニイ公』福鎌忠恕さん、ドイツ文学西洋思想史学者、東洋大学名誉教授（一九九一年死去）を務めた人物で、いろいろな外国語のエキスパートでフランス語もお上手であった。さっそく母が目をつけてレッスンをしてもらうことになる。学校の行き帰りの道中、動詞の活用を首っ引きで暗記。会話からだけで入る方法では私はついていけないのでこの方法で正しかったかと思う。少し経ってから会話はそのころ東京新聞の特派員をしておられた笹本さんのイヴォンヌ夫人に教えて頂いた。公開レッスンから二年後くらい後になるのだろうか。一九五一年の秋にとにかく行かないと年齢制限があって一八歳を超えて一九歳になるともう国立音楽院は受験できなくなるのでパリ行きを決める。

2　留学時代前半（パリ時代　チューリッヒ時代　国際コンクール入賞）

池内友次郎先生がパリにお出かけになるので同行させて頂くことになったのも大変な幸運。国内ですら一人で旅行したことがないのに外国に飛行機で行くなんて考えられない。当時は南回りのSASのプロペラ機で三〇数時間かかって到着した。沖縄からバンコク、カラチ、ベイルート、ローマ、パリがルートだったと思うが定かではない。最初の給油地沖縄の空港に真夜中に降りた時の湿った生暖かい空気、なにか不穏な気持ちにさせられたが幸い一人ではない、池内先生に頼ることができる。

パリ到着後は安川先生の友人で日本大使館の井川ご夫妻のお世話になりとにかく宿に入る。古いカトリックの尼さんの経営する宿で外国人が大勢いた。ヴェトナム人が親切で、不慣れな私のフランス語を助けたり生活の手ほどきをしてくれて仲良くなる。彼女らは今まだ元気でいてくれるのだろうか。

入試が迫ってくるなか、池内先生が私をレヴィ先生宅に連れて行って下さった。すっかりあがってしまって私は聴音の耳がまったくマヒの状態になり、先生の弾かれる和音が分からなくなってしまった。こんな経験は初めてだったので大ショック。指はあまり回らなくても音を聴く方はかなり自信があったのに急にどうしたことか。レヴィ先生は「これは困ったね」と言われながらもなんとかその場をつくろって下さった。

入試がどんなふうだったかまったく記憶にない。なんとか課題をこなしてパリ国立音楽院に合格できたものと思う。

九月末に渡仏して十月初めはもう入試だったと記憶する。今と違い入国ヴィザが下りるのも当時はかなり時間がかかったのだった。

パリ国立音楽院はマドリッド通りの古い建物で門を入ると中央に古いシステムのエレベーター、左の方にかなり大きめのベルリオーズの名前のついたホール、エレベーターの奥の方の階段を上がって二階、三階へと続く。メシアンが歩いていたり、後に交通事故で亡くなった校長のデルヴァンクールを見かけたり、作曲家では別宮貞夫さん、黛敏郎さん、矢代秋雄さん、甲斐直彦さん、西沢春子さん等池内門下の作曲家たち、ピアノでは、高野耀子さん、田中希代子さん、柳川守さん、ヴァイオリンの豊田耕児さんなど、私の先輩の日本の方々をよくお見かけした。

食事は夜は宿舎で取ることが多かったが、昼間は学生食堂で十分補なえた。肉などは日本にいた頃よりたくさん食べられて、副菜・スープ・サラダもあり、デザートには必ずチーズも付くし、果物や甘いものまであったフルコース。戦後の日本よりもはるかに高い水準の食べ物のおかげで太っていた。日本食のレストランはその頃パリに一軒しかなかったようだが、もちろん一度も行ったことはない、高くつくし、わざわざ日本食を食べたいという気もまったくなかった。学生食堂や寮の食事で十分満足だった。

なんとも幸せな状態。ホームシックになる間などまったくなく楽しかった。それでも長い外国滞在中一度だけ急に悲しくなった思い出がある。パリに着いて三、四ヶ月ほど経ったある夜、何が原因かわからないが無性に悲しくなって思い切り泣いた。日本に帰りたいという話ではない。たぶん張り詰めた気持ちでパリに着き、試験をパスして勉強が軌道に乗った安堵感から疲れが一気に出たのだと思う。それにしても遠くまで来たな、と思ったが、日本に帰りたいという気は毛頭ない。もちろんこんなことで泣いたのはこれが最初で最後となる。

日本の仲間たちとは音楽会で会うことも多かった。田中希代子さんは病身で夜はあまり外出されなかった。でも、二人とも大好きなお菓子を買って来て楽しくお茶をした思い出がある。彼女とは一緒にバイロイトのワグナー祭にも行った。あまりワーグナーに彼女は傾倒していなかったが、私はけっこう甲斐さんと連弾をして遊ぶ時にワーグナー楽劇のスコアーのピアノ版連弾用を楽しんで弾いたりライトモティフを探したりして面白がっていたのでバイロイトは楽しかった。

学校では試験の課題曲をこなすのに日々追われた。いろいろな名目で頻繁に試験があって三週間くらいの短期間で何でもいちおう形をつけて弾けるようにしなければならない。それはその後の実生活では必要不可欠の条件で、一度は通らなければ通過できない関門ではあった。ただそのまいちおう仕上げた状態では良い演奏には繋がらないことは感じていたが、どうやってそこを突破できるのか見当もつかなかった。

一年目の学期が終わり、なんとか卒業試験を受ける前段階のカテゴリーをパスして愉しく夏休みを迎える。西沢春子さんの知人の貸家を夏休みに使わせてもらえるので一緒にと誘ってもらう。遠山一行さん、矢代秋雄さん、甲斐直彦さん、西沢春子さんに私を入れて五人で南仏の町Bandol、バンドールの小高い丘の上の家で過ごした夏の思い出が心に残る。小路の名前が rue de l'immortelle むぎわら菊通り（たぶん枯れない菊の花の一種だと思う。）immortelle は不死とか不滅の意味の形容詞でもある。（私の心の中の不滅の思い出にも繋がる。）そもそも海が好きで子供の頃は伊豆の家で親類たちと一緒に夏を過ごすことが多かった。地中海の抜けるような青い海と空と輝く太陽は私にとっての幸せの象徴とも言えた。

パリの宿に戻ると、たぶん私の説明不足からか部屋がキャンセルされてしまっていた。陽の当たらない暗い部屋から明るい部屋に移れるかと思っていたが、たぶん具合よく陽当たりの良い部屋がなかったためか、それとも家主の意地悪だったのか、キャンセルされてしまい追い出されてしまう。それからの何ヶ月かはいろいろな部屋をあちこち住み替え、練習もままならぬ苦難の日々。田中希代子さんと宍戸さんが結婚されるのを機に、彼女がいたナポリ通りの女子寮を譲っていただけたのはとても幸いだった。部屋にピアノを入れられたし、食堂もあったし、面会も外出もちゃんと書き入れるだけで自由だし、コンセルヴァトアールの裏門は一つ先の通りに直通で出入りでき、まさに理想的な場所を手に入れられることになった。

二年目の夏前にピアノ科卒業の資格とされるプルミエ・プリを頂く。しかし、卒業試験ではとんでもないバカミスをしでかしてしまった。最後の曲目ショパンのコンチェルト2番（ピアノ伴奏田中希代子さん）までなんとか全部うまくいっていたのに、しかも本当の終わりの終わり、終楽章で気が緩んで最後に下から上に上がっていく別に難しくもなんでもない三連音で急に弾けなくなり、まったくメチャクチャになってしまった。最終和音にだけは飛び込みなんとか終わったという始末。あまりのバカ振りにホールが笑い出した。希代子さんにはそんな私の相手をして頂いてなんとも申し訳なかった。プルミエ・プリは全部で少なくとも数人はいたと思うがおそらく私は最下位でプリに入ったのであろうと推察する。結果の発表は深夜になったが私は見に行かなかった。ヘマをやったからではない。それどころでなく、もっと重大なこの先ピアニストとして職業的にやっていく能力が不足しているのだ。これから先どうやって力をつけていったらよいのか、見当もつかない。いっそのこと落第してもう二、三年学校に止めておかれたい気持ちすらある。でも、レヴィ先生は定年でもう辞められるし卒業の資格は頂いたのにお返しするわけにはいかない。宿のちょうど向かいの通りに住んでいたレヴィ門下のダニエル・ドゥシャン（翌年卒業後、ジュネーヴのコンクールに入選）が私がプルミエ・プリの資格を取得したことを知らせに来てくれる。私が大喜びするかと思ったら浮かぬ顔をして今にも泣き出しそうになったのを見て「お前、まったくどうかしている。私を苛立たせる！」と言った。しかし、私の心は嬉しいどころか今後のことを考えて絶望の真っ最中にあったのだ。それは他人には理解できなくて当然だと思う。名誉だけ先行して実力が伴わない、一番みっともない形になったと思ったから嬉しいどころでなかったのだ。解決はまだ遠く二、三年は低迷状態が続いた。和声のクラスに入ったり、室内楽（パスキエ先生）のクラスに入ったり。これらはみんな無駄なことでは毛頭ないのだが、私の探していたピアノの練習の仕方を根本からどう建て直すかという問題のところには到着できない。

転機はマックス・エッガー先生との出会いに起こった。

エッガー先生が来日されて、ある日テレビ局で演奏されその曲目解説を父がした。終わってからの雑談で私がパリで音楽院は出たけれど勉強方法について悩んでいる話を父がすると、エッガー先生は即座に「スイスに帰る前にパリに寄り道して娘さんのピアノを聴いてあげよう」と仰って下さった。約束通り御夫妻で私を訪ねて下さって私のピアノを聴いて下さり、彼のもとで勉強する話が決まった。迷いはなかった。この方の指導なら、と私はチューリッヒ行きを決めた。

チューリッヒでは少し時間をかけてゆっくり曲を仕上げる方法を身につけた。その時のエッガークラスはとても充実して良い仲間が大勢いて、良い影響を与え合っていたのは幸いだった。このチューリッヒでのエッガー先生の助言がなかったら私はなかなか先に進めなかったと思う。エッガー先生の方法はまったくレヴィ先生と違ったが大切なものを頂いた恩人であると思っている。

そのころ両親がヨーロッパ旅行に来ていたが、安い船で一ヶ月以上もかけてジェノバに到着。小学校卒業後、パリで悶々としていた私はあちらこちら両親に同行させてもらった。もったいないくらいの素晴らしい経験であった。フィレンツェでの美術の素晴らしさ、音楽以外の芸術分野でこれほどの感動を受けたことはない。ダビデ像には釘づけにされて長時間動けなかった。ミラノのスカラ座の体験、なんとマリア・カラスの絶頂の時にゲネプロや本番を観せてもらえたこと。それも一回きりでなく、何回もいろいろな演目。新聞社のプレスカードと紹介状等、父のお陰で学生の身分では絶対に入れないような上等な席にも入れてもらえて美しさに目を見張る。今までにも素晴らしい演奏にはかなり何回も接してはいた私たちだが、今日の歌い手はその域をはるかに超えたとてつもない大物だということにびっくりする。

ベルリーニの夢遊病の女アミーナ役。他の日にはロッシーニの「イタリアのトルコ人」「ドンナ・フィオリラ」。なまくらピアニストの私なんかでなく本当は妹の比奈子に聞かせたかった。父も比奈子を連れて来れなかったことを後悔していた。「比奈子、本当にごめんなさい」。その後、父と一緒に行動したダルムシュタットの新音楽講習会はせっかくだから受講したらしいが、何をどう学んだかよく覚えていない。メシアン夫人のイヴォンヌ・ロリオ教授のクラスに顔を出したことは思い出すが何の曲を聴いてもらったものか、もしかして他の受講生の曲を聴いただけで自分自身は弾かなかったのかも。現代曲に興味がないわけではないが、あの頃の最大の悩みはもっと基本となるレペルトアールが全然しっかり作れていないことだった。両親と会うことでさまざまな音楽祭を廻ったりお供をしたり、世界の文豪トーマス・マンと父との会見にも同席できたりする機会に恵まれたのは幸いだったとしても、自分の一番大切なピアノの演奏を上達できる道が見つからない間は私の心は晴れなかった。その頃ちょうどパリはシーズン終わりで音楽の催し物もあまりない時期に入り、父たちも諦めてパリを後にする。

私がパリを引き上げてチューリッヒに移り住んだのはたぶん一九五五年秋の深まったころだったと思う。一九五六年二月十日にエッガークラスの発表会がありラヴェルの主要作品（ピアノ作品）を弟子たちが分け合って弾いた。私は「クープランの墓」から後半三曲、エッガー教室に入って初めて仕上げた曲で、これでさんざん悩んでいた勉強の筋道もなんとかメドがつく方向に向かっていることを確認できた。両親も見届けにチューリッヒまで足を運んでくれて私が安心して勉強できる環境に到達できたのを喜んでくれた。試験に間に合う期間だけの勉強では曲をもっと良い状態に仕上げるのは無理ということ、口で言えば当たり前のことだが、そこに至る道筋での正しい助言者エッガー先生を指導者に得たことはまさに正解だったのだ。

コスモポリットの先生は多くのヨーロッパ語をみんな使えた方だった。最初、私とはフランス語で始めたレッスンに、だんだんドイツ語が混入して最後は全部ドイツ語にになった。スイス流のアクセントはダメ、方言には関わるなと、と念を押されるし、私も習うものは正しく通用するドイツ語にしか眼を向けなかった。

チューリッヒでの住まいはこれもエッガー先生の紹介でネリー・シュミット女史（教育者として現職バリバリ）、その母上とおばさんの三人家族の家庭のなかに下宿できた。駅から市電に乗り坂を上がった小高い丘の中腹にある家の一階の部屋にピアノを借り入れて二、三階にシュミット一家が住んでいた。上の部屋が食堂で食事付き。シュミット女史のおばさんが食堂を取り仕切っていた。シュミット女子は昼間は学校で教えていた。夕食の後は毎日私にドイツ語を教えてくれたのはとてもありがたかった。もちろん、正統的なドイツ語、教材はアルベルト・シュヴァイツァーの伝記。父が辻壮一さんと共訳でシュヴァイツァーのバッハを訳していることを知っていたかどうか、まさにこれまたとない良い教材を選んでくれていたわけ。

悶々と悩み続けた時を脱出して勉強が軌道に乗って幸いだった。ヨーロッパ旅行を続けていた両親はその後、東欧、ソ連、中国を旅して一年半の旅を終える。その後、妹の比奈子がミラノに留学してくる。たぶん一九五八年夏の頃だったと思う。迎えに行ってやれば良いのにスイスの生活に追われて動けない。

チューリッヒでは一九五八年の春先のある日、仲間たちが大挙してバルセロナのコンクールに行く話が持ち上がった。きっかけは何だか知らない。エッガー先生は慎重で私には何も話されなかった。私がコンクール向きのタイプでなく、せっかく軌道に乗りかけた良い勉強がコンクールによって乱されるのをたぶん心配されたのだと思う。仲間全員が、なんでもバルセロナに行くことになったらしく私もそれなら、と一緒に行ってみたい気になってしまった。先生が一緒に行って下さるのはとても心強かった。用意ゼロだが、すぐに使えそうな曲目を選んで応募。バッハの平均律一巻の cis-moll No. 4、ベートーヴェンのソナタ「テンペスト」、ブラームスのヘンデル変奏曲、ドビュッシーの前奏曲一巻からアナカプリの丘、モンポーの前奏曲。協奏曲はベートーヴエンの1番ハ長調だったと記憶する。汽車でスイスからスペインまでは長かった。フランス国境を越える所で線路の幅が一度変わるので、違う車輌に乗り換えがあり、ずいぶん遠い所だと思った。バルセロナはなかなか大変な所だった。スイスと違って水道水が汚くて飲めない。ミネラル水を終始絶やせない。うがいするのもミネラル水を使った。エッガー先生はピアノを練習する場所もどうやって探して下さったのか分からないが、見つけて下さり、テコ入れのレッスンをして下さる。そんな助けがなかったら私は全然まともに弾けなかっただろうと思う。なんとか第一次、第二次予選を突破（だいたい他のコンクールでは第一次予選で落ちる）予想に反してなんだかうまくいって、本選となる第三次選で私は一等賞を頂くことになってしまう。一等賞から三等賞まで、その他にマリア・カナルス賞というのがあって、それはフランスの女性が受賞していたので、コンクールの名がマリア・カナルス・コンクールだったので、私自身は一等賞と言われても本当は二等賞なんだと思い込み、親には二等賞と知らせた。後になって新聞等の報道で私が頂いたのが一等賞と分かり、なんとバカな知らせをしたと親におこられた。一緒に行った仲間であるエッガー先生の弟子二人も入賞した。その時に頂いた賞金の一部で自分の分や一緒に行った仲間の滞在費に当てたのを覚えている。

バルセロナではもう一つ忘れがたい思い出がある。それは作曲家のモンポー氏にお会いできたことだった。エッカー先生が私たち生徒何人かを連れてモンポー宅を訪ねたのだった。コンクールの審査員にも名を連ねておられたモンポーさんは長身でしなやかな細身の上品な紳士。エッガー先生が奥様らしい女性に「モンポーさんの音楽はあなたのような素敵な奥様の存在なしには考えられない」と持ち上げると、モンポー氏即座に「奥さんではない!」とのお言葉。一同シュンとして悪いことでも言ってしまったかとたじろぐ。もしかして、その時点では入籍されていなかったとでもいうことかと解釈。たぶんとてもストイックな方なのだと。その後、三〇数年を経てモンポー夫人が来日してお会いした時にはご主人はもう他界されてしまっていた。

3　留学時代後半（ベルリン時代）

私にはかねがね、早まってデビューするなとエッガー先生はいつも戒められていた。これはいま思っても、本当に大事なこと。レペルトアールが十分でないうちに世に出て、ちょっとちやほやされるとたちまち行き詰まることになる。独奏会のプログラム三回分くらい、協奏曲も数曲は必要だと言われ、もっている曲目の足りなさに危機感を抱いた。「急いで上に昇ることは考えるな」という言葉はゲヴァントハウスのコンサートマスターのボッセ教授からもだいぶ後に言われたことがある。上にのし上がるのはまだしも簡単だが、その後、上に留まることがいかに大変な難しいことになるのか、分かっている方々からの忠告は身に染みて聞いていた。特に私には父親の七光りという何倍もの光が関わっている。批評家の娘がなんという〝ていたらく〟ということに絶対なってはいけない。父曰く「〝石橋を叩いて渡る〟ということわざがあるが、お前は叩いてばかりでいっこうに渡ろうとはしない！」と嘆いていたのを思い出す。でも、私は渡らないで通すつもり。

バルセロナでのコンクール入賞の効果が少しは出てきて、頼まれて小さな会をこなすようになる。泊まっている家のシュミット女史は毎年ブラウンワルトという美しい避暑地で音楽週間を開催されていて、そこでは講演会や演奏などが催されるが、私がコンクールに優勝したのはチャンスとばかり弾くお膳立てをしてくれた。〝急ぐな〟とエッガー先生が歯止めをかけてくださる。バランスを取りながらもそう簡単に日本には帰れないし帰りたくない。エッガー先生は東京の武蔵野音楽大学から招待されて日本の教育活動に入られようとしておられるけれど、私はベルリンでの勉強をどうしても実現したかった。

H・ロロフ先生も父の推薦である。あの頃ブッヘルト教授とロロフ教授の二人がベルリン音楽大学のトップとされていた。その頃ベルリンでの世話役的存在の田中路子女史（著名な俳優デコーヴァ夫人でソプラノ歌手）に父は意見を聞いて、ロロフ先生を私に薦めた。ちょうどチューリッヒのラジオの生中継でお客を入れて同時録音という会があり、ロロフ先生がストラヴィンスキーのカプリチオを演奏された。すぐ聴きに駆けつけ、会の後にロロフ先生を訪ね弟子入りをお願いした。父が連絡してお願いしていたのか、田中路子女史が推薦して下さっていたのか、たぶんその両方だったのか、すぐにロロフ先生の承諾を得てベルリン行きを決めてしまう。エッガー先生は少なからずご不満だったようだったが、私としてはすぐに日本に帰って仕事を始めるのに用意不十分と思ってどうしてもベルリンでもう少し勉強したかった。大家さんのシュミット女史も猛反対。保守的なスイス人気質としては仕方ないかも知れない。西ベルリンは当時東独に囲まれた陸の孤島で、日本人の私たちはなんの不都合もなく通過ヴィザさえあれば通過して、西ベルリンに入ることができる。不法でもなんでもない合法的方法なのに、女史はまるで〝捕まえられたらどうする?〟という具合。しかし、捕まる理由はまったくないのだから無視してどんどん思う通りに行動する。エッガー先生はお兄様が社会党の代議士と聞いていたが、シュミット女史のごとき偏見はまったくない方で、それよりもむしろ同世代の活躍中のピアニストとしてロロフ先生とはライバル関係が少なからずあったようだと思う。後にソ連で師となるJ・フリエール先生とE・ギレリスも同じような同世代同士の妙なアツレキがあったと取るより仕方ない関係にあったようだ。困ったことに世の中には妙なクセがあって同世代の同じくらい優秀な人物をなんとかして順番をつけて比較したがるのだ。

とにかくいろいろあったが、一九五八年の終わり頃にはベルリンに移住していたと記憶する。ロロフ先生とは第一回のレッスンから〝これだ!〟というものを摑み取った感じで、今この方法を進める以外にないと直感した。エッガー先生に教わったように一曲を時間をたっぷりかけて練習する方法を教わったうえで曲の細部の〝みがき〟をかけるにはロロフ流のフレーズの仕上げにこだわる以外にない。方向ははっきり決まったが、必要なのは時間。でも決めたのだから気の済むまで時間をかける以外にない。〝弥生子のぐずのこだわり〟が始まった。ロロフ流の教えの特技とも言えることの一つに指使いがあった。疑い深い私はすぐにはそれを使わない。まずは自分流の指使いを考えてから先生の指使いに移行してみる。ほとんど一〇〇%近く先生の方が合理的でうまくいくのを見て〝やっぱりね〟と納得して取り入れる。そんな私に先生はご自分の指使いを書き込んだ大切な楽譜を快く貸して下さった。こんなことは通常誰も絶対にやらない。「これは国宝級の宝物だから絶対失くすなよ。返す時は手渡しか郵送なら書き留めで」冗談混じりに言われたが、もちろん、言われるまでもなく書き写したあと、すぐに手渡しでお返しする。大切な何曲ものレペルトアールをこんな形でずいぶんスピーディーに取り入れるのを助けて頂いた恩は忘れられない。ロロフ先生の偉かったところは弟子となった誰にでも平等に目をかけて下さるということ。嫉妬心というものをどこでもあまり感じることのない私だが〝先生、あまりお疲れが出ないようにして、できれば私の方をもっと構ってください〟と内心叫びたくなることもあったりした。とにかく欲しいのは時間だけだった。少しでも手に入れた勉強法で多くを身につけ、レペルトアールを増やしたい。

それに立ちはだかったのは住居問題。ピアノの練習はうるさいに決まっている。パリでも宿舎を追い出され一時危機にあったが田中希代子さんの後を受けて幸い良い解決。チューリッヒではシュミット女史に守られて安泰だったがベルリンではそううまくは行かない。何回引越ししたか。「あなた、まだ追い出されないで無事にやっているの?」と言われるのが、まるで挨拶がわりの会話になるほどひどかった。ピアノが弾ける部屋を見つけるために歩き回って、東西を分断する東ベルリンに近い境目のあたりに住んだこともあった。まだ復興しきれていない辺境の地、セントラルヒーティングなどない。石炭だかコークスだかを自分で地下室から運んで一階の部屋の暖炉に入れて部屋を暖房する。古い建物でかなり大変な手間だが、ピアノは文句なしに弾けるのと家主の女の子が親切そうなのに気を許して借りて引っ越してしまう。父親が同居で彼女は庭師の免許取得のため庭で仕事中のところに私がたまたま通りかかって声をかけ部屋を探していることを話した。それなら我が家に一部屋有るからどうかということになったのだ。最寄りの駅は東に入る一つ手前、西ベルリン最後の駅、確か Lehrter Bahnhof という駅。そこを降りると一〇分は歩く。夜は暗い街灯があるだけで人っ子一人通らない道を行くのは少し勇気が必要だった。家の入口のドアの大きな鍵を逆手に持って万一襲われたら逆襲するつもりで歩いた。幸い何事もなく過ごせて良かった。

今になって振り返ればあの頃そんなに苦労するならいっそのことチューリッヒかミラノに住んでベルリンにはときどき通った方が良かったかと思う。

チューリッヒ時代にはときどき比奈子がミラノからチューリッヒに来たり、私がミラノに行ったりもしていた。もっと頻繁に行き来しても良かったかと今になって思いもする。私のもくろみは比奈子に会うことの他にスカラ座でオペラを観る楽しみもあった。もちろん、両親にくっついて平土間やバルコニーの個室などで聴ける身分ではない。最上階の立ち見席が安いのでそれを買って長いオペラをものともせずに立ち見で聴いたものだった。若いからこそそんな具合にできたが、今は考えるだけでご苦労様！　とにかくあの頃は元気いっぱい。なんでもムリそうなことでも平気でこなすことができたのだ。パリ時代には学生割引を利用して日曜日などにはマチネのオーケストラの演奏会、そのあと午後オペラを観て夜はリサイタルを聴いて廻って、というように一日三回もの音楽会を聴いたこともけっこうしばしばあった。今なら頭が大混乱になってしまうところだ。ずいぶんいろいろ聴いているのに今手元にはその頃のプログラムなど残っていないのが残念。あの時代にご存命中の大家の方々のずいぶん大勢を聴くことができたのはなんとも贅沢な時代だった。長い行列を交代で並んで切符を入手し、フルトヴェングラー指揮のベルリン・フィルも聴いたし、ワルターのマーラー、モーツァルトに至福の時を経験したし、ミケランジェリにも息を呑む。E・フィッシャーの心温まるリサイタル、弾きながら指揮したモーツァルトの協奏曲。当時モテモテのクララ・ハスキル、若いロン・ティボー・コンクールの優勝者たち等。そうこうするうちに一九六〇年、日本に一時帰国する日が迫ってきた。冬は私にとってはよくない季節で、忙しくなればなるほど風邪をひき易くなる。この年もベルリンで調子を崩してぐずぐずしてしまい日本行きの曲目を仕上げなければいけないのになかなかはかどらない。仕方なく、最初に計画していた音楽会の予定を何回分か延期してもらい、あちこちに大変迷惑をかけてしまった。なんとも心もとない日本でのデビューになってしまった。こんなことではこれから先どんなことになるのか思いやられる。春になり、やっと元気を取り戻し、とにかくコペンハーゲンからアンカレッジ周りで六月に東京に帰る。九年近く空白の後にたぶん日本語が少し変になっているかとみんなから心配されたが、そこは大丈夫。おしゃべりの私が母国語を忘れるはずがない。ただ、電話での対応が早すぎて父は「もう少しゆっくり話せ」と始終後方で心配していた。ベルリンの田中女史の忠告だが、留学生たちが集まって自分たち仲間の悪口に花を咲かせたりするのは、一番つまらない、そんな付き合いは避けて、もっと当地の外国語をしっかり学ぶべき、とのこと。私もこれは本当にもっともな忠告と受け止めたので、日本人同士の付き合いにはあまり積極的に参加しなかった。もしかしてこれも早口の原因の一つになっていたかもしれない。

4　日本帰国デビュー　藪入りの始まり　そして再びモスクワへ留学

東京での最初の音楽会はお客の入ったラジオの公開録音だった。リサイタルは七月末に小さな大和証券ホールで控えめなデビューだった。曲目は「二つのベートーヴェンのソナタ「テンペスト」とOp. 110」、「ブラームスの間奏曲」Op. 118から三曲、メンデルスゾーン「ロンド・カプリチオーゾ」、ショパンのスケルツォ4番、ドビュッシーの「喜びの島」だった。八月には東京交響楽団とショパンの協奏曲1番を、京都市交響楽団とはベートーヴェンの協奏曲1番を、名古屋と大阪ではだいたい東京のリサイタルと同じようなプログラムを弾く。

労音（勤労者音楽評議会）の例会でも、東京を始め北海道、東北、長野県で合計二〇数回演奏した。短期間にこんなに多く弾くのは初めてだったが、幸いにも無事にこなすことができてとても勉強になったし、高くはないながらもギャラも頂いて、ヨーロッパ・東京の飛行機代も賄えて、少しほっとした。今よりあの頃は飛行機代はべらぼうに高かった。

日本の暑さを心配して我が家にクーラーを入れてくれた両親だったが、私は寒さよりは暑さに強い体質なのか、クーラーのありがたみをそんなには感じなくて拍子抜けされてしまった。考えれば五〇年前の夏は今よりだいぶ涼しい夏だったと思う。三〇度を越えても年に数回だったように思う。ヨーロッパではあの頃クーラーはないのが普通だった。私の帰国を心待ちにして下さっていた三代おばあさまは七月上旬に亡くなってしまった。演奏を聴いて頂けなかったのはとても心残り。でも、せめて、再会できたのは幸いだった。

一九六〇年十一月にはスイスのアーラオとグラルスでショパンの協奏曲を弾いた記録があるので、たぶん直前に日本を発ってヨーロッパに戻っていたものと思われる。

《ショパンの世界に分け入って体験する彼女の能力のすばらしさは、賛嘆に値する以上に一つの奇蹟と言えるくらいである。ショパンはただのヴィルチュオーゾでも部分的にはものになしうるが、単なる技巧家はそれ以上にすすめない。真の音楽家こそが、金の宝をとりあげ、美しい旋律線をなぞり、感情の深さを量りつくし、ぴりりとするリズムを味わわせねばならない。これをおこなうよう天恵をうけているひとりの女流ピアニストがこの山根弥生子なのである。》(*Thurgauer Zeitung*, Weinfelden, 23-1-62)

一九六一年二月にはミラノでジョイント・コンサート、これは確か比奈子の友人のバリトンの栗林さんとご一緒だったと思う。四月にはベルリンでシンフォニー・オーケストラ、指揮者ビュンテでベートーヴェンの協奏曲1番、同じ曲をプファルツ・オーケストラとも弾いている。七月にはスイスのツークでグリークの協奏曲、ミュンスター市立オーケストラとベートーヴェンの協奏曲1番。この頃はベルリンのどこかに住んでいたはずだ。

《山根弥生子はヴィルチュオーゾ演奏家で、そのテクニックをもってベートーヴェンの第一協奏曲に大きな魅力を与えたのだった。彼女の演奏は音の展開に対して最大の統制と抑制をそなえており、打鍵は正確で美しい響きをもっている。オクターヴのパッサージュとトリラーは、彼女の大きな確実さを証拠だてるものである。》(*Münstersches Tageblatt*, Münster, 16-12-61)

一九六二年一月にスイスの街コンスタンツェとその近辺でリサイタルを弾いてから、二月に東京に戻ったらしい。名古屋で実況放送を兼ねたリサイタルのあと、N響指揮シュヒターとベートーヴェンの4番の協奏曲を弾いてその後すぐにソ連に演奏旅行。モスクワ、レニングラード、ハリコフ、ヤルタ、シンフェローポリ、ザッパロージェ合計六回のリサイタル。ハリコフ国立オーケストラと「協奏曲の夕べ」ではベートーヴェンの4番とショパンの1番の協奏曲を弾く。初の外国の演奏旅行が冬のロシアだったのはいま考えても大変だった。

その年の二月—三月はマイナス三〇度にはなっていなかったと思う。(後に一九六五年冬が確か大寒波がやってきて、マイナス三〇度を経験する)初めてのソ連旅行を気遣って、母が同行してくれてとても助かったが、彼女があまりいろいろなことに気を使い過ぎて、可哀想な経験をさせてしまったことをかえすがえすも後悔する。演奏はいちおうどこでもうまくいって良かったのだが、新聞記者のインタビューでまずいことが起こった。だいたい通訳を通すと相手に気持ちが伝わりにくくなるのだ。どうしても杓子定規になってしまう。人の気持ちはたとえ、変な言い回しでおかしくても、直接言わないと伝わりにくい。確かプラウダ紙の新聞記者がやって来て「ソ連のピアニストは誰を聴いたことがありますか」と聞くので「パリでギレリスを聴きました」と答える。「どんな印象でしたか」と畳み掛けるので、「もちろん、素晴らしかったです」と答える。それが後にモスクワ音楽院で師となるフリエール先生の耳に入ってフリエール先生がカンカンになる。理由はこの二人が数々のコンクールで入れ替わり立ち替わり一位と二位を何度も争った仲だったことにある。そんな事情を知る由もない私にはまったくの災難でしかない。とにかく演奏旅行は一人でなんとか頑張らなくてはダメ、とつくづく思った。そして、下手でもおかしくても、仕方がないが、通訳をなるべくなしに強引にでも直接語り合わないとまずいということ。後にフリエール先生とのレッスンに父の通訳をしてくれていたリダ・グリシェローバさんをお願いしたことが二、三回あった。彼女は通訳として以前、演奏旅行に同行した通訳より何倍もうまくて有能だったが、私はやはり猪突猛進で直接先生にぶつかる方法を選んだ。私のロシア語は使い物にはならない。でも人間同士、言葉よりも気持ちが伝わることが何よりも優先するのだ。収穫も問題もたくさんあったソ連旅行だったが、その後どこへ戻ったのか覚えていない。たぶんベルリンか。

一九六二年の夏、一家四人でユーゴスラビアのアドリア海で過ごした。リエカの港から船で少し外へ出た島でクルク島と言っていたような気がするがはっきりしない。イタリア側の地中海よりややワイルドな海で一時サメを見たことがある、という人もいて、びっくりするが、幸い恐ろしい場面には遭遇しないで無事に夏休みを終える。比奈子はミラノ、私はベルリン、両親は東京に戻った。
その後、九月に再びユーゴスラビアに来る。今度は演奏旅行でベオグラード、デュブロブニク、スコピエでリサイタル。デュブロブニクはつい一ヶ月ほど前に夏休みを過ごしたリエカの近くの島よりもっと南のアドリア海沿岸の有名な避暑地で、北国から大勢の観光客が押しかけていた。丘の上の美しい教会で弾いたように記憶する。サラエボではサラエボ・フィルハーモニーとグリークの協奏曲、モスターでは市立オーケストラとモーツァルトの協奏曲23番 K488、十月にはユーゴスラビアからチェコスロヴァキアに移動してブラチスラヴァでグリークの協奏曲をスロヴァキア・フィルと弾き、プラハのラジオ・オーケストラとベートーヴェンの1番の協奏曲を、オロモッツではモラヴィア・フィルハーモニーとグリークの協奏曲を、その後、ブルノーなどの小都市で五回リサイタルをしてベルリンに戻る。
《グリークの協奏曲は固有の抒情性と音のひろがりの陸離たる光彩に対するみごとなセンスをもって、高度に音楽的に、魂をこめて演奏された。彼女のテクニックは世界的水準にある。それは正確さとパッサージュのすばらしい柔らかさと和音の色彩的で精力的な打鍵によって聴き手を魅了する。》(*Licová Demokracie*, Olmouc, 7-10-62)
一九六三年一月にはパリで古巣の国立音楽院のベルリオーズ・ホールでリサイタルをした。主催はパリのベートーヴェン協会で会長はアミオ女史。アミオ女史にはスイスのツルヒャー女史が推薦してくれた。嬉しいことに当夜、レヴィ先生も来てくださった。なんとか無事に成功裏に終わってプレスからも好意的な批評をいただくことができた。弾いた曲目は以前、公開レッスンでレヴィ先生に注目して頂けたモーツァルトのソナタ17番、その後にブラームスの「ヘンデル変奏曲」、清瀬保二前奏曲集から二曲。ヤナーチェフの「ソナタ（予感と死）」、ショパンの「バラード」4番、プロコフィエフのソナタ3番。

《疲れることのないしなやかな手は、いつも確実にすべての曲について効力を発揮している。モーツァルトの二長調ソナタの真珠のようなヴィルテュオジテ、ブラームスのヘンデル変奏曲における交代する力感、ショパンのバラード4番の美しいハーモニーとびろうどのようなソノリテ、プロコーフィエフ第3ソナタの断続する速いパッサージュ、ヤナーチェックも清瀬もふくめて、すべての様式を正しく表現するテクニックをみごとに獲得している。緩徐楽章にみられる感情の繊細さ、同時に潮の干満のごときディナーミクの変化のなかに意図したアクセントをはっきりと表明するすばらしい冷静さ――私はブラームスのフィナーレのフーガが長い過程を経て対位法の密度を高めてゆくところのテーマや、あの管の響きのような呼びかけを思い出す。また彼女のプロコーフィエフの演奏における音の空間をみたしたり空虚にしたりするときの持続する展開を思い起こすのである。M. J. Chauvin》（*Guide du Concert*, Paris, 2-63）

翌日お花を持ってレヴィ御夫妻にご挨拶に伺った。これが先生とお会いした最後となってしまう。母もこの会のためパリまで来てくれていた。この年のパリの一月はとても寒かった。母と生牡蠣を食べて、ささやかに祝ったあの味が忘れられない。アミオ女史もその後すぐ亡くなられてしまい、もっとゆっくりといろいろなお話をしたかった貴重な方を失ってしまった。ツルヒャー女史にも私は大きな責めを背負ったままお別れをする羽目になる。私をとても評価してくれ可愛がってくださっていた彼女は大切にしていた指輪を下さった。綺麗な小さなダイヤが入った指輪を私は自分の指のサイズに直してはめていたが、ある日汽車に乗ったとき、トイレで手を洗う際に指輪をちょっと外したのが運の尽き。急いでいて一瞬、注意が散漫になり指輪を鏡の前に置いたまま、トイレを出てしまった。すぐ気がついて戻ったが、もう影も形もない。車掌に聞いてもどうにもならない。ツルヒャー女史にありのままを告げて謝る他はないと思いながらどうしても言えないままお別れすることになる。お許し下さい。

二月に東京に戻って、四月に東京の日比谷公会堂で二回目のリサイタルをしている。三年前の初めての大和証券ホールの時よりは少し格上げの会場⁉　あのころ日比谷公会堂のホールは東京で一番良い会場だった。曲目はパリの時と同じ。その後、群馬交響楽団と高崎でベートーヴェンの協奏曲5番を、東京文化会館で東京交響楽団とベートーヴェンの5番、札幌で札幌交響楽団とベートーヴェンの4番、京都市交響楽団とベートーヴェンの5番を弾く。仙台ではリサイタル、東京で富士製鉄コンサートでのリサイタルを弾いた。

初めてのLPレコードの録音もこの年だった。後に何回もご一緒することになる相沢昭八郎ディレクターはコロンビア・レコードでお仕事をされていた。まだできたばかりの上野の文化会館小ホールは良い音響で安心感があった。その頃の日程がそれほど混んでいなくて録音に使うことができたのは幸運であった。一枚目LPはベートーヴェンのソナタ「アパッショナータ」、ブラームスの「ヘンデル変奏曲」。二枚目はシューマンの「子供の情景」、メンデスルゾーン「ロンド・カプリチオーゾ」、ショパン等。

その後、ポピュラーな小品を集めた一枚が加わるが、私が「乙女の祈り」にはどうしても気が乗らなくて「あれだけはやめさせてもらえないか」とお願いしたら、「他は何でも良いからあれだけは入れてもらえないと困る」というお返事。覚悟をしてなんとかできるだけセンチにならない弾き方を探る。だいぶテンポも上げて元気よく弾く。相沢ディレクターはだいぶ困っておられたが、「しょうがない、これでなんとかいいことにしましょう！」と折り合って下さった。申し訳ないが、これでなんとか一件落着。でも後になって、彼の好意が身に染みてわかることになる。つまり、この「乙女の祈り」の入ったレコードだけが、後になっても版を重ねて売れてくれて、収入にプラスしてくれたのだった。

一九六三年秋には（十月）またブラチスラヴァでスロヴァキア・フィルハーモニーとベートーヴェンの協奏曲1番、ゴットヴァルドフでグリークの協奏曲を弾いて、十一月にはルーマニアに足を伸ばしている。このとき、ゴットヴァルドフからルーマニアのブカレストに夜行列車で移動しないと間に合わない日程だった。駅まではもちろん車で旅行用の大きなスーツケースを運んでくれて、プラットフォームまで来てくれた人が夜遅いので私ひとりを暗い駅に残して、さっさと帰ってしまった。ずいぶんひどい話だが、こっちも若くて元気だし、汽車が到着すればなんとか乗れば良い、と高をくくっていた。だいたい日本のように正確な時刻になど汽車は到着しない、やっと来て止まったがさて、扉が固くて開かない。日本の駅のプラットフォームのように平に楽になど乗れない。かなり高くよじ登ってドアをこじ開けて大きなスーツケースを持ち上げて乗せなければならないのだ。真っ暗なプラットフォームには人っ子一人いないし、駅員すら見かけない。「どうしよう！」これに乗り損なったら、ブカレスト行きはおろか、暗闇のプラットフォームに残されてしまう。宿だってない。必死になってドアを叩いた。それを聞きつけて、乗客が一人二人と助けに来てくれてドアを内側から開いて私と荷物を車内になんとか引き上げてくれた。本当にありがたかった。こんな思いは二度としたくないし、だいたいあってはいけないくらいのひどい話なのだ。なんでそんなに苦労してまで演奏旅行に行くの？と言われても「お客の前で弾くことがとても勉強になるから」という答えしかない。

この先ずいぶん長いこと、こんなふうにヨーロッパでの演奏が続く。父は「お前の藪入りだ」と言っていた。つまり、年に一度女中奉公の人が故郷に帰って少しのんびりするのが「藪入り」だそうだ。そう言われると、やはりそういうことになるのかと思わざるを得ない。旅行前の準備はなかなか大変で用意周到にやらないと演奏も成功しない。舞台の衣装はしわにならないように紙に包み、他の衣類から食品に至るまですべて必要なものを忘れないで用意する。藪入りも一苦労ということだ。

さて、チェコからルーマニア行きの夜行列車の行方はどうなったのだろうか、まったく記憶か

モスクワでフリエール先生と

ら抜けてしまっている。とにかくブカレストに無事到着して十一月にブカレスト国立放送オーケストラとモーツァルトの協奏曲23番を演奏。ティルグムーレスでベートーヴェンの協奏曲1番、イヤシーでイヤシー・フィルハーモニーとグリークの協奏曲を弾いた記憶がある。ルーマニアでの演奏が無事終わってたぶんミラノの比奈子の宿に帰ったと思う。

その頃、以前住んでいたミラノのルキーノデルマイノの通りの五番から同じ通りの一二番に移っていた。大きな部屋二つに台所風呂場付きでとにかくピアノを借り入れて弾いて大丈夫なのがありがたかった。ここで比奈子と二人で住むことになる。古い家だが、日当たりが良く明るいのは助かるが夜中にゴキブリが出るのには困った。午前三時になると、決まって待っていたように台所にぞろぞろ出て来る。半端な数ではない。二人がかりで大騒ぎをしてやっつけていた。

比奈子はその後、一九六四年十月に私より一足先に一時帰国する。私が一人でどうやってこの家の後始末をして出たのか覚えていないが、とにかく彼女の後にミラノを出て、ポーランドで演奏、ワルシャワ、ルブリンでリサイタル。グダニスクでフィルハーモニーとベートーヴェンの協奏曲5番を弾いて、その後、ワルシャワからモスクワに飛ぶ。十月終わりか十一月頃にモスクワ音楽院のフリエール教授のクラスに入る。ベルリンのロロフ先生にはモスクワのフリエール先生のところに習いに行くとは言えなかった。演奏旅行の後にしばらく滞在していろいろ聞いたり見たりしたいと思っています、と手紙を送った。先生はすかさずロシア派のピアノ奏法はなかなか良いからせっかく行ったのだから漫然と遊んでいないで良い先生についてしっかりロシアふうを学べ、と返事を下さった。なんと度量の広いお方か。こんなふうに生徒のことを第一に思って下さる先生は他にどこにも絶対に存在しない。二年前の初めてのソ連旅行のインタビューの際の気を悪くされたフリエール先生とはつまらないことが原因でなんとなくしっくりいかない雰囲気がかなり後まで漂うことになってしまう。もう一つの理由として考えられるのは、私が一九七〇年ベートーヴェン生誕二〇〇年の年に全ピアノソナタの連続演奏会を日本でやってみたいという希望を抱いていたので曲目の練習が常に頭にあり、ロシア物に気持ちが向かい切れないのが、先生とうまくいかない原因の一つだったかも知れない。それとロシア物はやはり手の大きい人に合うものが多い。私の小さな手に合う曲があまり多くはなかったこともある。それでも、有名なチャイコフスキーの協奏曲1番やラフマニノフの協奏曲2番、プロコフィエフの1番と3番の協奏曲。ソロの曲ではプロコフィエフのソナタ2番、4番などを見ていただいた。先生は「そのうち良くなるだろう」と未来形で言われた。これは現在ではまったくヘタということだ。ヨーロッパの生活に慣れた感覚ではわかりにくいロシア的感覚というものも立ちはだかってつまらない行き違いを生む。私の感覚では教師と言えども一五分以上遅刻したら先生だって生徒に言い訳をするのが当たり前。しかし、ロシア人は一時間、二時間遅刻しても何も言い訳などしない。ある日先生がまったくいつ来るか分からないくらい教室に来ないので、仕方なく自宅に電話をした。「先生、何時においでになるのですか。おいでにならないのなら、私、帰ります」と言ったので、先生は怒ってしまう。実はこんな場合は誰も何も言わないで耐え忍ぶのがロシアふうなのだ。また、あの頃、ロシアでは服装においてもなんとも古臭かった。寒さのなかでズボンを履くのが当たり前、と思うのでズボンで登校していたが、それが先生への尊敬の態度を欠くと言って学校当局からお叱りを受けた。これにはフリエール夫妻も少なからず驚いていたが、なんとも古いメンタリティーには呆れた。今のロシアでは考えられないだろうが、私の行った一九六〇年代では、そんなこともあったのだ。

ドル店（外貨しか使えない店）で買物ができたのでときどき出向いて買い出しをして物資を補っていた。学校の寄宿舎ではヴァイオリニストの佐藤陽子さん母子には大変お世話になりいろいろ生活の知恵を伝授して頂いてなんとか切り抜けていた。宿にいたエストニア人のアーダとも仲良くなった。二人で交代で買物の行列に並んだり一緒に音楽会に行ったりと助け合った。彼女はロシア人よりヨーロッパ人に感覚が近くてきめ細かい感情を受け入れ易かったようだ。ボリショイ劇場にはよくバレエを観に行った。これは何度観ても文句なしに素晴らしかった。

リヒテルが演奏するのをモスクワ音楽院のホールで聴いた。あの日のことも忘れ難い。曲目の一つにベートーヴェン Op. 90 のソナタ27番が入っていたが、二楽章で何か少し外れてきたように違う音が違う響きで入ってくる。しかもそれが違和感なくスムーズに進んで美しく無事に終わったが、それにしてもなんて上手に取り繕うことができていたかことか！　私はあの脱線ぶりに感動した。演奏家たるもの、不測の事態が起きてもなんとか対処して形をつけるのが必要。あの時の対応ぶりはそれにしても見事で、正しい音符を弾かれた時の何倍も感心したのを思い出す。もう一つ忘れ難い思い出にV・ノイマン指揮でチェコ・フィルの演奏会を聴いた日のこと。マーラーの4番の交響曲と「亡き子を偲ぶ歌」が主な曲目だったが、感激の涙が止まらなかった。マーラーの音楽とノイマンの名演に魂を洗われたような演奏で元気になった。

日本生まれのヨーロッパ育ちにはロシア流がなかなか馴染めない。二〇代でなんとか身につけたフランス語とドイツ語と違って三〇代になって詰め込んだロシア語はそんなに簡単には身につかない。でも宿の使用人と喧嘩できるくらいになったのはやはり実生活上小さくないメリットだ。演奏旅行で東ヨーロッパの国々を旅する時はロシア語の最低の知識があるのとないのでは便利さがだいぶ違うのは確かだ。フリエール先生ともだんだん理解し合えるようになり、先生も何年か後に日本で再会する頃には「ヤイチカ」（卵のことをロシア語では「ヤイ」というのをもじって、弥生子と呼ぶのを「ヤイチカ」と呼ぶようになった。「お前は利口だ」とお褒めに預かる。「先生、私は始めからそんなに馬鹿ではないのです。いろいろ変ないきさつが妙な行き違いを起こして誤解を生んだのです」と心の中で叫ぶ。でもいまさらつべこべ言い訳などしたくない。最後にフリエール先生とも理解し合えて本当に良かった。

5　再び日本帰国　ベートーヴェン連続演奏会への道のり

モスクワでの二度目の冬はひどい寒さでマイナス三〇度には耐えられなかった。すっかり調子を悪くして原因不明の不調で全身に腫れが出て、むくんだようになった。もうこの土地を出て日本に戻るしかない、と決心してモスクワからコペンハーゲン経由で比奈子のいたハンブルクに少し寄ってからアンカレッジ周りで帰国する。ハンブルクに着いて二、三日して早くも調子がましになった。顔の腫れもむくみも消えてびっくり。寒さによるストレスだったのだろうか。東京に着く頃にはまるで嘘のように元気になる。みんなが心配して、帰国してからあちこちの病院で検査を受けたが幸い異常なし。

一九六五年の初夏から秋にかけて日本に帰って来た比奈子とジョイント・コンサートを行なう。北海道（帯広、網走、旭川、稚内、名寄、留萌、砂川、小樽、札幌、室蘭、函館）、福井、横手、新庄、米沢、長井、佐野、白石、仙台、石巻で、二〇回に及ぶ。

それに加え、私のコンサートは、石巻で東京交響楽団とベートーヴェンの5番の協奏曲、イイノホール（毎日ゾリステン）ではベートーヴェンの「ハンマークラヴィア」ソナタなどを弾く。二部はバルトーク「ミクロコスモス」から数曲と「ルーマニア舞曲」、プロコフィエフの2番のソナタ、この「ハンマークラヴィア」ソナタは父に勧められて手を染めたわけではなかった。以前、男の子たちがレヴィ先生にあれを弾けと勧められているのを見て、実はとても羨ましかった。長いあいだ自分にはとても無理なんだ、と言い聞かせて手を出さなかったのだが、無茶にもやってみたくなった。ベルリン時代の終わりの頃からミラノの比奈子と同居し始めた頃だったか、ロロフ流指使いも既に頂いてあった。なんといってもフーガを物にしなくては演奏は成り立たない、と思いまずゆっくり「フーガ」を手がけた。目標の期間もなにもなしに時間はかけたいだけかける。不思議な曲でなんでこんなに意欲をそそられるのか分からないのだ。後に手がけた「ディアベリ変奏曲」も長さから言って同じくらい長いが、こちらに対しては「ハンマークラヴィーア」のような意欲は湧いてこなかった。割り切った気持ちで「フーガ」はバラバラにして少しずつゆっくり練習。一朝一夕にしてでき上がることはないと、肝に銘じて一種の指を温める練習のようにして扱った。その日の予定の曲の練習の前の準備運動としてばらばらにした「フーガ」を弾いて手を温める。練習場所にはよくその土地の音楽学校の教室を貸してもらうことも多かったが、ときどき知らない人物がドアを開けて覗きに来ることも何回もあった。どこの誰がこんなとんでもないさらい方をしているのか、覗きに来たのかと思う。

一九六五年、東京イイノホール(毎日ソリステン)で「ハンマークラヴィア」を弾いているので、おそらくその前に日本のどこか小さめの町でお客の前で初めて弾いているかと思う。一九六五年には他にＣＢＣ音楽サロン、東京富士製鉄コンサートがあった。

一九六六年一月に読売交響楽団とプロコフィエフの協奏曲３番を弾いている。その後、二十七日に東京のモーツァルト協会の例会のコンサートで比奈子とジョイント・コンサートを行なう。弥生子はピアノ・ソナタを二曲、８番K310と17番K576、比奈子は演奏会用アリア「我が感謝を受けたまえ」ハ短調、ミサより「精霊によりて」、オペラ『後宮よりの逃走』から「あらゆる苦しみが」を演奏する。父は誕生日がモーツァルトと同じ一月二十七日で、たまたまちょうどその一月二十七日に娘二人がモーツァルト協会の例会で演奏することになったのを大変喜んでいたのを覚えている。

三月か四月頃、父がチャイコフスキー・コンクールの審査員を務めるためモスクワに行く。コンクールは予選から本選まで確か六週間くらいかかっていたかと思う。チェロ部門を担当していた父は空き時間にはせっせと図書館廻りをして資料集めをしていた。私たちもこの時だけでなく他のヨーロッパのいろいろな都市でも何回か図書館廻りを手伝った。あの頃は自分で必要な本を借り出し、コピーすべきページを出して一枚一枚コピーしていた。少しでも父の手伝いができるのが嬉しかった。モスクワであのとき私は学生の寄宿舎にいたものと思われる。父にはときどきお弁当を作ってホテルに届けていたりもした。

七月前には東京に戻っている。何故と言って七月に東京交響楽団と「協奏曲の夕べ」があり、ＡプロがモーツァルトのＫ466、ベートーヴェンの５番、Ｂプロがシューマンとベートーヴェンの5番。その後、八月末までには、またモスクワに戻ったと考える。東京バレエ団の公演が九月初旬にモスクワのクレムリン劇場で、ボリショイ・オーケストラ、指揮秋山和慶の演奏で行なわれた。いとこの早川幸代が石井歓作「まりも」と「ジゼル」で踊るので、おむすびを持参して応援に駆けつけた。公演のあと、石井歓さんとも会いお祝いを述べる。彼はとても喜んで下さった。石井歓さんの「まりも」は大成功だった。

九月後半には東独の演奏旅行が始まる。プラウエン市立オーケストラとシューマン協奏曲、ドレスデン、リーザ、プットブスでそれぞれリサイタルを行なっている。十月にはベルリンのラジオ・ウンターハルトゥングス・オーケストラと松平頼則さんの「主題と変奏」を弾いているが、ベルリン・ラジオの娯楽オーケストラの呼び名をそのままに訳すとまるで軽音楽専用の少し安っぽいグレードのオーケストラのように聞こえるがどうして中身は相当なしっかりもの。たぶんかなりの腕利きの奏者で一匹狼的な人たちが臨時に集まって音楽をやっていることと考えられる。私も日本でNHKスタジオでそういう感じで臨時に集まった集団と愉しく協奏曲を弾いて録音した覚えがある。たぶんそのような集団と解して間違いない。かなり弾きにくい松平頼則さんの「主題と変奏」をたった一回きりの短時間の練習でもう本番に臨み生放送してしまうのだから、指揮者のハネルさんもなかなか大変な腕利きと認めざるを得ない。こういう実際に即した底力というものがヨーロッパの音楽の層をしっかり形成しているのだ。凄い職人技に拍手。

他にも職人技に助けられた思い出がある。西ベルリン、リアス放送局が私の演奏の録音をしてくれた時のこと、曲目は何だったのか忘れたが、小品を集めてたぶんシューマン、リストの他にブラームスのOp. 118から二、三曲だったと記憶する。これがなかなかフレーズの形が決まりきれないで困っていたら、ディレクターが「あそこをちょっと伸ばせ」などと意見してくれたのだ。一言で形が決まる。こんなことはまたとない。なんて親切なんだろう！　無名の日本のピアニストを別に助ける義理はないのに職人気質の人とは気持ちがすぐ分かり合えるのかと思い感謝した。

ベルリンのあと、マグデブルクで市立交響楽団とモーツァルトの20番協奏曲K466を演奏。

十二月、シュウエリン・シュターツカペレ・オケとモーツァルトの23番協奏曲K488を二回弾く。その他六都市でリサイタル。ドレスデン、フランクフルト／O、ズメルダ、ワルタースハウゼン、バードベルカ、ハイリゲンシュタット。曲目はシューベルトのソナタ変ロ長調、シューマンの「トッカータ」、牧野由多可の「二つの小品」、ティールマン「四つの練習曲」、メシアン「三つの前奏曲」。

一九六七年一月にスロヴァキアのチェスケブーディヨヴィッツェでベートーヴェンの協奏曲5番、スロヴァキア・フィルとブラチスラヴァでベートーヴェンの協奏曲4番を弾く。その後たぶんすぐに日本に戻る。

ここで洗足学園に触れておく。

一九六七年春から洗足学園大学に勤めることになった。諸井三郎先生が「以前から弥生子さんに目をつけていた。ぜひ来てくれ」とのお言葉。そしてありがたいことに私が演奏活動を続けるために年の半分は日本にいてもらうが、後半分は外国に演奏に出かけても構わない、もちろん、抜けた分のレッスンは帰ってから穴埋めはしてくれ、とおっしゃる。私も父が言ういわゆる「弥生子の藪入り」が嬉しくて外国で弾く機会を断念できないので、年の半分いなくても大丈夫、との言葉に安心してすぐにお受けする。とにかく自分の足りなさを痛感してきているので、他人様を教える、などという大それたことを一度も経験していない。諸井先生の発想は実現すれば最高となり得る。つまり、実践経験がある教師が自分の得たものから実際に生徒にやり方を教えると、生徒はすぐに役に立つやり方が入手できるわけ。しかし、私は一度も日本の音大に席を置いたことがないので学校のシステムがどんなふうになっているか、皆目わからない。ある日、教授会というので朝定刻九時きっかりに出向く。何処に座ってよいのか分からないのでいわゆる上席となる諸井大先生の隣に座ってしまった。この席はもっと上位の方の場所だったと後で認識する。諸先生方、だんだんと現われるが、皆さんかなり遅刻。山根先生だけが定刻に見えた、と妙なところで褒められるが、自分の居場所すら分からないのが本音。牧野敏成先生とはお会いした瞬間からとても信頼できる良い方だと直感した。階段の踊り場で声をかけて下さって、すぐにいろいろ教えて頂いた思い出もある。牧野先生の書かれた『モーツァルト伝』は確か音楽の友社から出版されていたと記憶するが、それを父がとても評価していた。とにかくどの先生よりも温かく親切に、なにも分からない私を引っ張って下さって最後まで私の教師生活を支えて下さったことには心から感謝している。喜島先生との間も取り持って下さった。体育の喜島先生にはピアニストが手を大切にするためにはスポーツはかなり選ばないと具合が悪いことは最初理解して頂けなかった。つまり、バレーボールとかテニスなど手のひらに具合の悪いのをご存知ないのはいたしかたないことだったかも知れない。大丈夫なのは水泳とか走ることくらいで、他の多くのスポーツはピアニストの手にはかなり具合悪いことを説明に及んでなんとかしぶしぶご納得頂けたのは良かったと思っている。全員がプロのピアニストになるために学校に来ているわけではないにしろ、みすみす具合悪くなる手には誰もさせたくないのが教える方の立場になるのだ。

他にもいろいろ軋轢があった。学校が新しいスタインウェイを入れて試験の時には確かそれが使われた。誰だって良いピアノには触ってみたいのは少しでもピアノが好きな人間には当然のこと。おまけに試験の時だけに弾けるともなればなんとか触ってみたくなるのは当然すぎるくらいなのだ。その禁断のピアノに触ったということである先生のかなり優秀な生徒が怒られることになった。私はピアノはしまっておくためにあるのではない、有効にみんなに使わせてそれでみんなが上手になったらそれが本命であって鍵をかけてしまっておくのは逆にもったいない、と反論した。それにはある重鎮のピアノ科教授が「学校のためにピアノを守った」と主張され、突然泣き出してしまわれた。私自身、その先生に個人的になんの恨みもないし、先輩として尊敬しているつもりだったのでびっくりした。こんなことになるのなら、教授会には顔を出さない方がよいと、それ以降、教授会に顔を出すのを止めてしまった。意見は言わない、むしろ言ってはいけない、というのは組織のなかの掟らしい、と納得する。

私自身は半年外国で演奏して構わない、という諸井先生のお言葉をありがたく受けて〝藪入り〟を繰り返していたが、これは学校に入って間もない頃だったと思うが、ある日、月給がゼロになっていることに気づく。一度だって書面でも口頭でも「辞める」と言ったことはないのに、いったい何が起きたのか。結局、原因不明のままにまたクビはつながった。助教授で入ってすぐ一年くらい後にはいちおう教授という名目を頂く。個人的には生徒さんたちには絶対迷惑をかけないことで通した。留守にした分は帰って来てから穴埋めをしていた。学校でレッスンの場所がない時には自宅に来て頂いたこともたびたびあった。在学中の生徒さんからは穴埋めのレッスンに絶対レッスン代は頂かなかった。学校当局にとって、私はなんとも扱いにくい教師の存在だったろうと思う。でもあの頃の生徒さん何人かとは今も仲良く交流していられることはとても幸せなことと思う。

二足の草鞋を履くのはとても大変だが、世の中的には私がずいぶんとんでもない行動をしてきたと見られて当然だったと思った。「教えることは、教わること」と言う方もいるが本当はこれはあり得ない。人間一人の能力は残念なことにかなり限られている。良い精神状態を保てる時間は人それぞれ違うだろうが、かなり短い。そして無理に頑張るとしっぺ返しが必ずどこかで起きてすべてが元の木阿弥となる。

演奏の仕上げの段階での練習はその短い良い時間帯をどうやってうまく使うかで決まる。それも関係して、例えば朝オケ合わせの時でも夜本番のある日には絶対朝の練習では一〇〇％力を出してはいけない。つい気持ちよく一〇〇％で弾いてしまうと、どうやっても夜の本番は二番煎じにしかならざるを得ない。難しいのは初演ものの時など、作曲家自身が練習を聴きに来て下さる時のこと。こちらも作曲家に敬意を表してなるべく良い練習で応えたい気持ちだが、夜の本番をベストにするには朝の練習は七〇％くらいの気持ちで弾かないと本番に響くのだ。頭では理解しているつもりでも、しばしば身体が反応してしまうのが、これまたとても厄介なことなのだ。なんで、こんなに演奏家をやっているのが好きでやめられないのだろう、と思うこともある。とどのつまり、好きということに尽きる。ソ連演奏旅行には必ず通訳がいた。いろいろな人に出会ったが、一人とても気の合う女性がいた。あるとき、私に「あなたがなんでこんなに辛い仕事を続けるか分かった」と言う。レニングラードの宮殿のフィルハーモニーホールの美しさと大きさとそれを埋め尽くす聴衆の真摯な眼差し。音楽を通じて人種もなにもかも超えて分かり合える短い時間！　こんな素晴らしい時をもてる幸せがある、ということを彼女は見抜いてくれた。これは美しいレニンラードのホールだけではない。東独の片田舎のずいぶん小さな町で通訳兼同行人が「もうアンコールなど弾かないで早く切り上げて帰ろう」と言った時にも私はたっぷり弾いてから引き上げた。町が小さくても聴きたい人がいるところでケチる気持ちはない。日本でも北海道の小さな町なども大変だった。本当に音楽会をやる余裕などあるのか、と思われるような極貧の町でも、手は抜けなかったし、海辺の安宿に泊まって波の音と屋根を流れる雨の音に寒々とした気分でインスタントラーメンで夜食を凌いだこともあった。それもこれもうまくなるための「修行」なので元気に乗り越えた。

四月に九州日南でソロ・リサイタル。ベートーヴェンのソナタ「アパショナータ」、5番Op.10-1、ラヴェルの「クープランの墓」より四曲、プロコフィエフのソナタ4番。

四月十七日上野、十八日大分文化会館、二十日福岡、二十一日日田・唐津で同じプログラムを弾いている。また、二十五日鹿児島でバッハの「イタリア協奏曲」、モーツァルトのソナタ8番K310、ベートーヴェンのソナタ「アパショナータ」、ラヴェルの「クープランの墓」より四曲、ショパンの夜想曲とスケルツォ1番を弾く。

七月十日、読売交響楽団と指揮はヴェスでブラームスの協奏曲2番を日比谷公会堂で弾く。十五日に喜多方でベートーヴェンのソナタ「ワルトシュタイン」、「告別」、牧野由多可の小品二曲、ショパンの「ワルツ」四曲、ドビュッシーの「水の反映」、「月の光」、「喜びの島」を演奏。

その後、九月からまた東独の音楽旅行が始まる。九月にナホトカ経由でドイツに行く。この時は横浜から乗船、ナホトカで降りて汽車に乗るまでの待ち時間の間、お客が大勢丘の上を散歩していた。私も美しい夕日を眺めながら日本海を見ていた。そのとき一人の紳士が「日本の方ですか?」と語りかけてきた。彼は数人の物理学者のリーダーで一緒にヨーロッパでの学術会議に参加されるためこのナホトカ経由のルートで旅行されていたのだった。すぐ打ち解けてご一緒にハバロフスク行きの汽車に乗車。手持ちのルーブル通貨もあったので都合よく食堂で愉しくお食事をして語り合った。皆さん音楽好きで特に垣花秀武先生、中根良平先生のお二人は、私がその後、

1967年10月、ゲヴァントハウス交響楽団とグリークの協奏曲を演奏

ライプチヒのゲヴァントハウス・オーケストラと共演した際に二回も続けて来て下さった。お二人とはその後、東京でも音楽を通じて長くお付き合い頂くことになる。文学系よりも理系の方々との方が私には気持ちが繋がり易い。ナホトカ経由は海が荒れたりすることもあるが、悪いことばかりではない。

ドレスデンでは、ドレスデン・フィルと共演し、松平さんの「主題と変奏」とモーツァルトの20番ニ短調K466の協奏曲の二曲をK・マズーアの指揮で弾き、これがまたお客にとてもうけた。オケとの練習の時にも「こんな風で十分日本的か？」とマズーアさんは聞いて下さる。腕のいい人ほどいばらないで親切なものなのだ。松平さんの「主題と変奏」がとてつもなく受けたので、一九七〇年のドレスデン・フィル一〇〇周年記念の年にぜひ日本人に作品を作曲してもらいたいということになった。

その後、ゴーダ、ライヒェンバッハ、アウエルバッハでショパンの1番の協奏曲、十月にはゲヴァントハウス・オーケストラとノイマン指揮でグリークの協奏曲を弾く。東独一の名門オケともなると敷居が高いのか、私は相手が自分よりも上であればあるほど怖くないのだがマネージャーらしき人物はそうは思わないらしい。「ここへ来る前に何回かこの曲を弾いて練習して来ましたか？」と聞く。こっちだって、そんな言葉にはたじろがない。「今シーズンは他でまだ弾いていませんがこの曲は何回も手がけています」「第一もし初めてオケと合わせる曲だったとしても相手に迷惑をかけるようなことはしませんよ」と付け加えて言ってやりたかったが、そこまでは言わないでやめた。実力を見せないうちにケンカ調になるのは良くない。指揮者のノイマンさんはさすがに違った。とても優しく親切で「あなたの好きなように弾いて下さい。どうやっても付いて行きますから」とのお言葉。それは本当は当たり前のことなのだが、その言葉にたがわず親切で、舞台に出る前に階段を何段か上る場所では手を取って助けても下さった。

本当に力のある人は絶対にいばらないことは今までにも何回も経験しているが、この方もそのお一人だと思った。「お客がたくさん手を叩いてたらアンコールを弾けよ」と楽員の一人が練習の後に言ってくれる。もちろん拍手がとても多ければそうするつもりだが、オーケストラはソリストが長々アンコールを弾くとその間、舞台を去れず休む時間が減るので嬉しくない気持ちもある。無事にうまくいって拍手がとても多かったのでアンコールを二回も弾いた。ナホトカの丘でお知り合いになった二人の物理学者垣花先生、中根先生もこの会に約束通り来て下さって本当に嬉しかった。

一九六七年十月にはドレスデンでドレスデン・クラブ主催で弥生子のソロの会と比奈子と共演のジョイント・コンサートもやった。ちなみにプログラムはマルティーニのソナタ2番、ベートーヴェンのソナタ28番 Op. 101、牧野由多可の小品二曲、ドレスデンの作曲家ティルマンの「四つの練習曲」、プロコフィエフのソナタ2番、また、別の日の比奈子とのジョイントで比奈子はモーツァルトの「モテット」、中田喜直の「六つの子供の歌」、ロッシーニの『セヴィリアの理髪師』から「今の歌声は」、ベルニーニのオペラ『清教徒』から「彼の優しい声が」、プッチーニの『蝶々夫人』から「ある晴れた日に」を歌う。

ドレスデン・シュターツカペレ主催の室内楽の夕べでは、シューマンの「アベッグ変奏曲」、三宅孝二の「ソナティネ」、ドビュッシーの「喜びの島」を弾く。その他ズール、ゾンネベルク、イルメナウ、ヒルドブルクハウゼンの四都市でベートーヴェンの協奏曲4番を弾く。ゴーダで国立オーケストラとライヒェンバッハ、アウエルバッハ、フォークトランド国立オーケストラ、ユーターボークではポツダム・オーケストラとショパンの協奏曲1番を合計四回弾く。

東独のあと、二回目になるソ連演奏旅行が続く。十一月にはリガ、モスクワ、ヤルタ、ハリコフ、ミンスク、ゴミエルの六都市で。曲目は、マルティーニのソナタ、ベートーヴェンのソナタ「ハンマークラヴィア」、牧野由多可の「二つの小品」、ラヴェルの「クープランの墓」より四曲、プロコフィエフのソナタ2番、その他オーケストラとはハリコフとザパロージェでシューマンの協奏曲。この時リサイタルのプログラムに入っていた「ハンマークラヴィア・ソナタ」にはフリエール先生は大反対。特にヤルタなどの保養地のお客はあんな長い曲を聴かされたら疲れてしまうから絶対にうけない。今からでもいいから、例えば「アパショナータ」にでも変えた方が良いと言う。変えることは不可能ではないが、出しているプログラムを変更するのは良いことではない。「変えるな」との意見も強い。私自身もやはり演目の急な変更は良くないと思っていたのでフリエール先生には悪いが変更しないで弾くことにした。これが良かった。フリエール先生の一番弟子、ヴラシェンコがたまたまヤルタに休みに来ていたのか、私を聴きに来てくれ、楽屋まで足を伸ばして「あんな弾きにくい曲をよくやった！」と褒めてくれた。お客の受けもとても良かった。専門家だけでなく愛好家にも評価されるところを見てロシア人の音楽のレベルはやはりとても高いと思った。月並みの曲でないのが逆に受けたのだった。その後、モスクワに行き同じプログラムを弾く。翌日にはレニングラード・フィルとヤンソンス指揮でベートーヴェンの協奏曲4番、この日のプログラムには安倍幸明さんの「シンフォニー」のソ連初演も入っていた。

ソ連演奏旅行のあと、たぶんハンブルグの比奈子の宿に戻ったらしい。

十二月に二人でハンブルクのムージックハレで歌とピアノによるジョイント・リサイタルをや

っている。モーツァルトの「モテット」、シューマンの「アベッグ変奏曲」、ベートーヴェンのソナタOp. 57「アパショナータ」、ドニゼッティの『ドン・パスクワーレ』の「騎士のまなざしは」、ロッシーニの『セヴィリアの理髪師』より「今の歌声は」、牧野由多可の「二つの小品」、中田喜

レニングラード・フィル、指揮ヤンソンスでベートーヴェン4番協奏曲の練習風景

直の「六つの子供の歌」。

一九六八年には東京に戻り、二月に京都市交響楽団の東京公演を東京文化会館で指揮は外山雄三。ラフマニノフの「パガニーニ狂詩曲」。三月に横浜県立音楽堂で東京フィルハーモニー、指揮大町陽一郎とブラームスの協奏曲2番を弾いている。

四月には東京文化会館で日フィルと指揮山田一雄でモーツァルトの協奏曲20番K466を演奏。

五月六月には文化会館小ホールでピアノ三重奏曲の夕べをヴァイオリン黒沼ユリ子さん、チェロは徳永健一郎さんとベートーヴェンの三重奏曲、ハイドンの三重奏曲、ドヴォルジャークの三重奏曲「ドゥームキー」を演奏。ピアノ三重奏曲には良い曲が多く室内楽のなかではやはり一番やりがいのある部門で面白い。みんなで「また、やりたいね」という声があり、私自身もやる気はあったが、合奏の練習に時間を取られてソロの曲の練習が減ってしまうことを恐れてそのとき先の予定は組まなかった。頭の隅に二年後のベートーヴェンの計画が常に渦巻いていたのだった。

七月から九月にかけてリサイタルを七回。前橋、新潟、高岡、金沢、州本、千葉、長町で。プログラムはみんなベートーヴェンのソナタでいろいろの組み合わせになっている。高岡と金沢ではソナタ1番Op. 2-2、「月光」、「ハンマークラヴィア」。前橋で「葬送」、「月光」、「悲愴」、「ワルトシュタイン」。千葉が「葬送」、「月光」、7番Op. 10-3、「ワルトシュタイン」

十月にはチェコスロヴァキアに演奏旅行に出かける。ちょうどその頃、ソ連がチェコに進軍して乗っ取り作戦を始めた。プラハの街にはただならぬ空気が張り詰めている。日本大使館にも顔を出していちおうよく連絡を取っておくべきと考えた。新聞記者も各社から大勢集まってプラハにたむろしていた。朝日新聞の木村明生記者、毎日新聞の塚本記者（夫人はピアニストの塚本るり子さん）にお会いした。一触即発の空気が充満しているなか、大使館は一番呑気に見えた。現場より東京の空気が反映するのかと考えた。ブラチスラヴァでスロヴァキア・フィルとベートーヴェンの協奏曲5番を弾いた。ぴったりの曲目だったのは偶然だが、そこでも取材熱心な朝日新聞の木村さんに再会した。少し恐ろしいことも体験した。ピアノを練習するため、ホテルから少し離れた広場の近くを通ったがデモらしい人ごみに危うく押されもみくちゃにされそうになり、必死に逃げ帰った。チビの私が万一あの人ごみに飲み込まれていたらとんでもないことになっていたかと思うとぞっとした。スロヴァキア・フィルと二回共演し、その後フメネ、ブレショフで二回リサイタルのあと、十一月に東独へ移行。東独のゲラとマイニゲンでそれぞれのオーケストラとラフマニノフの「パガニーニ狂詩曲」を弾く。

ベルリンでラジオ主催の人気番組「ベロリーナ・コンサート」に比奈子と共に出演。私はプロコフィエフの協奏曲1番を弾き、比奈子は『夢遊病の女』より「アリア」、中田喜直の「六つの子供の歌」を歌った。たぶんこの頃、二人でハンブルクに住む。比奈子はソプラノ歌手、エルナ・ベルガーに師事していた。ドイツ・リードのレペルトアール拡張のためハンブルク音大のベルガー教室に席を置いていた。弥生子は一九六九年三月四月の比奈子のルーマニア・チェコスロヴァキア・ソ連のオペラ出演に同行している。

その後、四月末に東京に戻り、日比谷公会堂で五月十五日十六日、日フィルとベートーヴェンの協奏曲第5番を指揮岡本仁で弾く。その後ゲヴァントハウス四重奏団とシューベルトのピアノ五重奏曲「鱒」を横浜・沼津・函館・札幌・旭川・熊本・神戸の七都市で弾く。練習は時間が本当に少なくてそれでもなんとかやりくりしての一回限りだった。ゲヴァントハウスのオーケストラのコンサートマスター、同時にゲヴァントハウス四重奏団のトップでもあるボッセさんは素晴らしいまとめ役で一回さらりと通して二回目にはもうすぐばっちり合ってしまった。私もすぐに相手の呼吸を察して難なく合わせてしまうので、彼らも私の順応の速さに納得。とても気持ちの良い合奏ができて楽しかった。その後、コロンビア・レコードがこの曲を録音をしてくれと言ってきた。なんとか時間を工面してこぎつける。後になって判明したが、学校の教材用のレコードに「鱒」のテーマが出てくるところだけを切り取って使われてしまった。だいぶ後に思い出して、全曲欲しいので費用を出して全曲を取り戻したのを思い出す。幸いこれで良い思い出の曲がボツにならずに全曲残ることになる。

六月、東京交響楽団の東北五都市の公演がある。福島・山形・石巻・会津・白河。指揮は村川千秋でベートーヴェンの5番協奏曲。東京文化会館大ホールで洗足学園オーケストラと指揮は秋山和慶でベートーベンの3番の協奏曲を弾く。

十月には再び東独に演奏旅行。マグデブルグでは松平頼則の「主題と変奏」、プロコフィエフの協奏曲1番を。ハレでベートーヴェンの協奏曲1番、ゴーダでモーツァルトの9番K271、べルリン・アンナベルク・ノイハウゼン・ゲラでもリサイタルを演奏している。曲目はフリーデマン・バッハのソナタ、シューベルトの最後のソナタ、コハンの「四つの小品」作品7、ラヴェルの「クープランの墓」より四曲、メシアンの「前奏曲」より三曲。東独演奏旅行の後に、ルーマニアへ。クルージュで国立オーケストラ、指揮シモーヌでモーツァルトの9番の協奏曲を弾いた。ちょうどその頃レニングラード・フィルがルーマニア公演を終えてクルージュで歓迎パーティーが開かれていて、私もその場に一緒に招かれた。ルーマニア人はフランス語がけっこう通じる。前夜指揮者のシモーヌとモーツァルトを弾いた後にこのパーティーに招かれリラックスしたムードで楽しい会になっていた。話題が何だったのか音楽とは直接関係のないありふれた人情噺だったかと思う。ワイワイやっている間にあの大指揮者のムラヴィンスキーが突然私に「マダム」と呼びかけて会話に入って来た。なにやら得体の知れない日本の娘がたわけたことを喋っているというので関心を引いたのか、その後、彼と何を話したのかよく覚えていないが、とにかくレニングラード・フィルと彼の棒でモーツァルトの協奏曲24番ハ短調 K491を弾いても良い、ということになった。彼はだいたい、協奏曲は演奏したがらない。好みがあって、モーツァルトハ短調だけはやっても良いが他はやらない、とのこと。ちなみにこのハ短調はオーケストラのパートが最も充実していて演奏も一番大変な曲なのだ。ピアノが光り輝くよりも合奏が充実している曲。指揮者としては伴奏の域を超えた曲とも言えるので、それなら演奏しても良いとなるのかと思う。私はあの時点でこのハ短調はまだレペルトアールに入っていなかったので、一生懸命練習し始めた。以前、ザルツブルク音楽祭でE・フィッシャーの名演を聴いて一度は勉強したいと考えていた曲なのでぜひレペルトアールに入れたかった一曲。残念にもその後、ムラヴィンスキーは、高齢で病気のため、共演は実現できず、指揮者ヤンソンスが替わってレニングラード・フィルと、このハ短調の協奏曲を演奏して下さったのだった。

クルージュのあと、ブカレスト・ラジオのオーケストラとプロコフィエフの1番の協奏曲。ティルグムーレス市立オーケストラとモーツァルトの協奏曲9番 K271 を演奏。その後、イヤシー交響楽団とショパンの1番の協奏曲。プロイエスティー市立オーケストラとベートーヴェンの4番の協奏曲。ルーマニアのあと、十一月にチェコスロヴァキアに移動。フラデッツ・クラローヴェでベートーヴェンの4番協奏曲。スロヴァキア・フィルとブラチスラヴァでモーツァルトの9番 K271 を演奏。その後、クリスマス・コンサートのために東独に戻りドレスデン・フィル、指揮ロタール・ザイファルトでモーツァルトの9番とショパンの協奏曲1番を弾く。

ヨーロッパの習慣だとクリスマスには家族が集まって祝うことが何にもまして当たり前。この日家にいないで仕事のためとは言え外国をうろついていることなんて想像だにできないのが一般的な感覚だ。私はそんなことは大丈夫と公言していたので、本当にそれでは、とクリスマスに弾いてくれということになった。愉しく協奏曲を二曲弾いてホテルに戻ると食堂はいつもと違ってがらんとすいていた。なんだか妙な感じ。もちろん食事はまともに出してくれるが賑やかに人が集まる場所が急にひっそりとして気が抜けてしまう。こんなに環境が変わると気分も変わること

1969年、ドレスデン・フィル、指揮ザイファルトでショパンとモーツァルトを弾く

にびっくりする。つまりこういう変化がクリスマスに家に帰らないで大丈夫かと聞かれた理由だったのかと合点する。

ライプチッヒでいつだったか、ボッセ教授の家でピアノを貸して頂いて練習したことがあった。その頃、まだ健在だったドイツ人のボッセ夫人が「一人でこんなに旅行して寂しくないのか、私なら、気がおかしくなってしまう」と心配してくれた。ボッセ教授はすかさず、「弥生子は旅行するな、家にいろ、と言われたら気がおかしくなるよ。」まさにピッタリ私の気持ちを当てて下さった。

一九七〇年一月から二月にかけて、労音主催のベートーヴェン生誕二〇〇年記念行事として、各都市で三四回リサイタルを行なっている。金沢・富山・盛岡・八戸・青森・札幌・旭川・室蘭・苫小牧・深川・浦河・網走・芦別・滝川・夕張・函館・喜多方・白河・福島・松江・米子・萩・丹波・岡崎・神戸・豊岡・岐阜・広島・今治・浜田・鳥取・鶴岡・山形・東京。

三月、渋谷公会堂で新星日本交響楽団とベートーヴェンの3番協奏曲を、指揮は村川千秋（山形交響楽団の初代指揮者）で、十月、毎日新聞主催の生誕二〇〇年記念シリーズで札幌交響楽団とベートーヴェンの協奏曲1番を指揮シュワルツと演奏する。

九月から十二月まで岩波ホールのオープン記念でベートーヴェンのピアノ・ソナタ全曲演奏会を年代順で行なう。曲目解説は父が担当。年代順にこだわらないで曲を配置すれば七回で全三二曲をこなすことはできる。いろいろなピアニストが七回を採用するが、しかし私は、せっかく全曲弾くならば年代を順に追っていきたいので、全八回に分けることにした。少し気がかりなことも起きた。ただでさえ親の七光りを言われる立場だが、この時もそれが反映したことを感じ愕然とする。こともあろうに素人ではない作曲家の諸井誠さんに「お父さんの解説の前に曲のテーマだけを弾いたんじゃないの？」と言われる。「そんな馬鹿な！」と言いたくなる。「テーマだけ三二曲分弾いて全ソナタを弾いたと言えるか！　全曲初めから終わりまで暗譜で弾いています！」このことを考えると世間から私がどんなふうに見られているかということをまざまざ見せつけられて、その事実に改めて呆れる。でも「石橋を叩いてばかりいて渡らない」と私のことを嘆いていた父にも少しは私がいかに慎重に用意をして演奏していたかという事実を理解してもらえることになったかと思った。

父の立場も簡単ではない。娘が現役で働いている時に、同世代の仲間のことを批評することはできない、ときっぱり新聞批評をやめて後輩に譲ってしまった。父は以前にも朝日、毎日、読売と三大新聞を次々と辞めている。理由は自分の書いた記事の文章が校正の段階でなんの承諾もなしに勝手に切られたり変更されてしまうことだ。新聞社にしてみれば、そんなことといちいち書いた本人に照会して承諾を得る時間もないということだろう。今とは違って、ファクスで原稿を送るなどという手段はあの頃はまだ存在しないのだった。そんな理由であちこちの新聞社をみんな辞めて最後に行き着いたのが東京新聞だった。夜、音楽会を聴いてその後、夜中に批評を書き、朝方、母が原稿を清書して新聞社のオートバイで取りに来た人に原稿を渡す。父はその後、ゲラ刷りの仕上がる頃を見計らって新聞社に出向き、原稿の内容が正しいのを確認して家に戻る。これで間違いなく、正しい内容がその日の夕刊に載るというプロセスだ。こんなこと、世界中のどの新聞社でもやることはできないと思う。東京新聞のあの頃の社長に敬意を表したい。前日の音楽会の批評が、翌日の夕刊に載るということで、ファンが大勢いたのは当たり前とはいえ、なんとも嬉しい事実だったと思う。こんな良い条件を棄てて新聞批評を娘のために辞めてしまったという父に私たちは申し訳ない気持ちでいっぱいなのだが、仕方ないことだったと思わざるを得ない。親も子もそれぞれ音楽の魔力に取り憑かれたしまったのだから。

この一九七〇年秋のベートーヴェン連続ピアノ演奏会の前に、実は夏休みを豪勢に取った。なんとわざわざ海水浴に壱岐の島まで足を伸ばしたのだ。自宅からビーチパラソルまで担いで新幹線で福岡まで行き、その後、福岡港から高速艇で島へ渡る。知人の紹介で予約した宿の一人部屋を使う。バストイレ付きの和室で食事付き、クーラーもあり完璧。壱岐の海の美しさに大満足する。浜の砂が白くて美しい。だいたい、太平洋側は砂が黒いのだが、なぜか日本海側は白いのだ。遠浅の浜にビーチパラソルを広げ、浮き袋を持って海に入る。事故が起きては大変なので浮き袋には紐を通してその紐の先を腕に巻きつけて泳いだ。私は秋のベートーヴェン連続演奏会のことを考えてときどき少しだけ島の学校のピアノを借りて練習したが、心はまったく海への満足感で満たされて幸せ全開という境地。休みもそろそろ終わりに近づいた頃、ひと騒ぎが起こる。父からの電話で、日本に招待されリヒテルが来日するが、迎えに行け、とのこと。リヒテルは飛行機嫌いでナホトカから船で日本に来るので、その彼をナホトカに出迎えて船中で日本に到着する前までにインタビューをしていち早く記事を載せる計画なのだ。読売新聞記者の木村英二さんを同行させて記事を書かせるから、私が通訳をやれというのだ。リヒテルとはドイツ語が使えるので問題はないが、さて大変慌ただしいことになった。翌日、定期船に乗ったのでは間に合わない。急に漁船を予約して早朝、島を出て唐津に着く。タクシーを乗り継いで福岡から新幹線で東京に戻る。リヒテルは私にとっても大好きなピアニストの一人ではある。彼は確かに所謂癖が強く、神経質でもあり、とにかく変わった人、とされている。でも私には半分その変わりぶりが別にネガティヴな意味には取れない。面白い面にも見えてくるのだ。神経質な人間の心理はこっちもよくわかるので、世俗的なつまらない質問をごたごたと並べなければ良い話はうまく繋がるはず。それにドイツ語でいけるのでなんとかなると思った。横浜からナホトカ行きに乗ったか、大阪から乗ったのかまったく記憶にない。乗船して、確か三日目に着く。ナホトカに到着して、木村さんと一緒にリヒテル夫妻の乗った汽車の到着を待つ。いったい、長い車列の何両目から降りて来るのか、なんとか手に入れた花束を抱えてうろうろする。「来ました！」という木村さんの叫び声に駆け出してリヒテル夫妻を迎えた。「ようこそ、日本からお迎えにあがりました。ご一緒に乗船します」と花を渡していちおう別れる。船に乗って、さてどこでうまくインタビューするチャンスを摑むか。確か二日目くらいに私がひらめく。甲板に出てきた夫妻をうまく捕まえて、短く要領よく話を聞き出した。長話は禁物。さっさと切り上げて、木村さんに内容を伝えた。やれやれ、重荷を降ろして、気持ちが自由になる。あとはもう、木村さんの仕事で、私の用は済んだ。帰りの航海は関門海峡から瀬戸内海を経て大阪港に着いた。リヒテル夫妻が下船したら、報道陣が待ち構えている様子が見えた。気づかれないようにこっそり降りて新幹線で東京に戻った。ちょうどベートーヴェン生誕二〇〇年の記念にリヒテルが選んだ東京の初日のリサイタルのプログラムは、ソナタは一曲も入れず、変奏曲の夕べになっていた。ちょっと彼の変人ぶりが垣間見れた。日比谷公会堂のリサイタルが初日で、私は自分の会も迫っていたが、聴きに行った思い出がある。その後、岩波ホールでの計八回のベートーヴェン全三二曲のソナタ演奏会を無事なんとかこなして、それはまたとない勉強になった。

6　比奈子のこと

ここで、少し振り返って、妹山根比奈子（ソプラノ歌手）の動向を記しておきたいと思う。そのまえに簡単な略歴を紹介したい。

昭和十年（一九三五年）二月十二日生まれ。

清泉女子高等学校を経て白百合高等学校卒業。

ピアノを高良芳枝女史、安川加壽子女史に学ぶ。

ソルフェージを宅孝二氏に師事。

理論を渡鏡子女史に師事。

声楽を原信子女史に師事。

一九五八年、イタリア留学。ミラノでソプラノ歌手ロゼッタ・パンパニーニ（Rosetta Pampanini）女史に師事。その後、メゾソプラノ歌手ロジータ・サラガライ（Rosita Salagarai）女史に声の勉強を、マエストロ・フランコ・パタネ（F. Patane）やスカラ座音楽監督のマエストロ・トマーゾ・イヤペルリ（T. Jappelli）にオペラのスコアの勉強など師事。そのかたわら音楽会に出演。往年の名バリトン、カルロ・ガレフィ（Carlo Galeffi）などとも共演する。

＊

一九六四年秋に一時帰国した彼女はＮＨＫ、日本放送、ＮＥＴテレビ等に出演。十二月二十七日、ＣＢＣ音楽サロンで独唱会。ヘンデルの「苦悩の喘ぎ」、カヴァルリ「まぁ、なんと私を笑わせること」、マテス「青白いかわいい顔」、ロッシーニ「今の歌声は」、ベルリーニ「おお 花よ おまえに会えるとは思わなかった」、ヴェルディ「ああ、そは彼の人か」でデビューする。

一九六五年二月三月、労音主催のモーツァルトの『魔笛』の「夜の女王のアリア」でオペラ界にデビューする。五月七日、京都会館第二ホールでソプラノ独唱会。伴奏田辺緑で京都管弦合奏団、指揮山田宗二郎でモーツァルトの「モテット」から「アレルヤ」「セレナータ」「ノットゥルナ」の6番、『魔笛』から「夜の女王のアリア」二曲、ドニゼッティの『ドン・パスクワーレ』より「騎士はあのまなざしを」、ニコラ・マティス「青白いかわいい顔」、フランチェスコ・カヴァルリ「まあなんと私を笑わせること」、クリストフ・グレッフ「おお私のいとしい人よ」。

七月三十日、日伊協会主催の「イタリア音楽の夕べ」第一生命ホールで伴奏弥生子で『セヴィリアの理髪師』から「今の歌声は」、『リゴレット』から四重唱「いつかあなたに会った時から」を歌う。

夏から秋にかけて、弥生子と一緒に合計二〇回、労音でジョイント・リサイタルを行なう。

（弥生子の一九六五年を参照）

北海道と東北が主で帯広ではちょっと欲張って鮭の川登り（遡上）を見学。すごい勢いと力で川を上ってくる生命力に圧倒される。自然の力の凄さには感動する。旭川から稚内は夕方、汽車で通って行ったが、景色がまるでツンドラ帯に見えてびっくりした。北海道の自然は力強く大きい力がある。夕暮れが迫って暗闇に向かって走る列車に乗ってだんだん寒い国土の果てに近づくような寂しさまで感じた。稚内では思いっきりカニを食べた思い出がある。昼食は自分自身で考えなくてはいけないので、それならば、思い切りカニを食べようと食べまくった。函館でも朝市の大きさにびっくりしたし、海の幸の豊富さには目を見張る。カニを切るハサミも買って旅行中とにかくカニと出会えそうなところ、至るところで食べてしばらくの間、カニは見るのも嫌になるくらい食べた。

一九六五年十二月二日、モーツァルトのハ短調ミサを長崎市公会堂で長崎管弦楽団公演で歌う。一九六六年一月十五日、日比谷公会堂で新春グランドオペラ・コンサート。『リゴレット』から「慕わしい　御名」、四重唱（山根比奈子・大谷洌子・小田清・岡村亨生）など。一月二十七日（弥生子のところを参照）、モーツァルト協会例会で比奈子と弥生子と二人が出演。二月十日、第一生命ホール「ソプラノ独唱会」伴奏は弥生子。ヴァイオリン助奏は山根直子（現在は青木直子）が務める。モーツァルトの「我らのために祈りたまえ」K741-d、「変わらずに愛するだろう」K208、「我感謝をうけたまえ」K383、「喜びのときめき」K579、ハ短調ミサK417-a、「主は人と成りたまえり」、『後宮からの逃走』K384「あらゆる苦しみが」、ドニゼッティ「騎士は　あ

1968年7月13日、ドレスデン・フィル、指揮K・マズーアで歌う比奈子

のまなざしを」、ロッシーニ『セヴィリアの理髪師』から「今の歌声は」、ピッツェッティ「三つのギリシャの歌」から「祈願」「子供の追憶」「踊りの唄」。十二月十一日、十四日、十八日、十九日、二十日、二十四日の六回ベートーヴェン第九交響曲のソリスト（ソプラノ）を務める。

一九六七年五月二十七日にベルリンのベロリーナ・コンサートでドニゼッティ『ドン・パスクワーレ』、プッチーニ『蝶々さん』を歌う。六月十一、十二日、ハンブルク音楽大学主催でモーツァルトの「サンドリーナのアリア」K196（初期の頃のオペラ）を歌う。

その後、東独でリサイタルを八回行なっている。町名を挙げると九月十九日シュヴェリン、二

1969年3月27日、ティル劇場での比奈子の「蝶々さん」

十一日エアフルト、十月十日ワルタースハウゼン、十一日ハイリゲンシュタット、十二日バードベルカ、十七日グーベン、二十日コットブス。プログラムはモーツァルトの「モテット」から「アレルヤ」K165、シューベルトの「紬車のグレートヒェン」、「ズライカI・II」、R・シュトラウス「夜に」「愛」「お前の歌が響く時に」Op. 68から、中田喜直の「六つの子供の歌」より四曲「乳母車」「からす」「風の子」「子供の遊び」、ロッシーニの「今の歌声は」、ベルリーニの『清教徒』から「エルヴィーラのアリア」、プッチーニの『蝶々さん』から「ある晴れた日に」。

十月八日、ドレスデン・クラブで弥生子の伴奏でリサイタルを行なう。モーツァルトの「モテット」、中田喜直の「六つの子供の歌」より四曲、ロッシーニ「今の歌声は」、ベルリーニの『清教徒』から「エルヴィーラのアリア」、プッチーニ『蝶々さん』より「ある晴れた日に」。

一九六八年二月三日、チェコスロヴァキアのピルゼン、七日コッシッツェ、十二日ブラチスラヴァ等の劇場でプッチーニのオペラ『蝶々さん』を客演で歌う。

その後、日本へ戻り、コロンビア・レコード録音、ラジオ出演のあと、ハンブルクに一度また戻る。その後、東独ドレスデンへ行って七月十二日〜十四日にドレスデン・フィルと指揮者K・マズーアと共演。ハイニヒェン作曲「演奏会用アリア」二曲「エルベ川のダイアナ」を歌う。その後、十一月十五日フランクフルト／Oで、十八日、十九日ロストックで、R・シュトラウスで「四つの最後の歌」を歌う。二十三日、ベルリン・ラジオ主催のベロニーナ・コンサートで『夢遊病の女』より「アリア」、中田喜直の「六つの子供の歌」を歌う。

一九六九年二月、チェコスヴァキアのブラチスラヴァで二十七日、二十八日にスロヴァキア・フィルとモーツァルトの「モテット」、「羊飼いの王様」を歌う。その後、三月三日スピッシュカネヴァヴェヌ、四日フメネ、六日プレショフで三回リサイタルを行なっている。曲目はモーツァルトの「モテット」、「羊飼いの王様」より「エリーザのアリア」、R・シュトラウス Op. 68から三曲、中田喜直の「六つの子供の歌」より四曲、ヴェルディの「慕わしき御名」、ロッシーニ「今の歌声は」、プッチーニ『蝶々さん』より「ある晴れた日に」。

三月八日にルーマニアに行き、十日、クルージュでオペラ『蝶々さん』、十二日『リゴレット』の「ジルダ」、十四日ティミショアラで「ジルダ」、十六日同地でオペラ『蝶々さん』、十九日イヤシーでオペラ『蝶々さん』、二十二日にブカレストからプラハに移行。

二十六日は練習、二十七日、オペラ『蝶々さん』の本番。プラハのティル劇場で。(『ドン・ジョバンニ』初演の劇場)とても由緒ある劇場で、日本人として初めて歌った。大受けに受けて比奈子は六回アンコールに応えた。熱演のあまり、頭のかんざしが落ちて顔にささり額から血が流れる場面があり、私もびっくりした。あまりにも生々しい蝶々さんに重なった現実に少々慌てた。幸い傷は大事に至らないでやっと一安心。客演でオペラの主役をやるのはとても大変なこと。ピアノ協奏曲なら朝一回の練習で夜本番というのがごく普通だが、オペラとなるとそうはいかない。指揮者とせいぜいピアノで要所要所で合わせるくらいで、オーケストラと合わせる機会はない。そして舞台の上でだいたいどの場面で誰と出会うのかを口で説明を受けるくらいしかない。後は

ぶっつけ本番あるのみということなのだ。出た所勝負で体当たりで歌わなくてはならない。本当にご苦労様と言いたい。マネージャー役兼小間使い役で一緒に付いて回った姉御の私も「よくやった！」と比奈子を労いたい。

当時、共同通信モスクワ支局臼田昭三郎さんより、その時の新聞記事を送っていただいた。

「『蝶々夫人』チェコで大もて　ソプラノの山根比奈子が主演」

日本のソプラノ歌手山根比奈子が三月二十七日プラハのチル劇場でオペラ「蝶々夫人」の主役を演じ大成功を収めた。

1969年4月、タシケントの劇場で比奈子の『蝶々さん』公演後のカーテンコール

山根さんは日本からわざわざ持参した着物を着て出演。いかにも日本娘らしいマダム・バタフライに、熱狂した聴衆の拍手はなかなか鳴り止まず、六回も舞台に出てアンコールに応えた。チル劇場はモーツァルトが特にこの劇場のために一七八七年オペラ「ドン・ジョバンニ」を作曲した由緒あるオペラ劇場で、戦前戦後を通じて日本人歌手が主演したのは山根さんが初めて。同劇場は昨年のチェコスロヴァキア侵入事件以後、ソ連などワルシャワ五カ国の音楽家の出演を拒否しており、同事件後、外国人としてこの劇場で歌ったのも山根さんが初めてである。（プラハ共同）『毎日新聞』一九六九年四月二一日）

三月二十九日または三十日にプラーハからモスクワに飛ぶ。

まだ雪がちらつく中をリガの駅に降り立った思い出がある。たぶんモスクワから夜行列車でリガに来たと思う。三月四月はまだ冬の続きなのだ。リトアニア共和国首都リガは私も何回か来た覚えがある。バルト三国のうち一番ヨーロッパ的な街かと思う。オデッサはだいぶ南で黒海沿岸のなかでも少し春が近くなる。このオデッサに私も以前二回ほど演奏で来た覚えがある。比奈子も大変なスケジュールのなかでよく頑張っている。『蝶々さん』の出番に近づく旋律が聴こえて来ると、「もうじき出番だな」と私も急に心の中で構えてしまう。予定表に四月十日レニングラードと書いてあるが、それは無しになったと思う。『蝶々さん』のようなドラマティックな役のすぐ後にコロラトゥーラの冴えた役のルチアを歌うのは無理すぎるが、劇場の方はそんな声楽家の苦労は無視して選んでくるのも仕方がない、と言えば仕方がないのだ。

楽器が身体の中にある声楽家は器楽家よりもっと健康に気を使う。タシケントに行って困ったことがあった。この地方では肉と言えばみんな羊肉で、牛や豚、鶏肉などがなかった。羊の一種クセのある匂いに戸惑うがオペラを歌うのに肉なしでは体がもたない。仕方なく卵をしこたま買い込んでなんとか卵の力でもたせることになる。一番困ってしまったのは我々を大歓迎で迎えてくれて街のお偉方が総出で歓迎パーティを催してくれた時のことだ。その席でのメイン料理がこれまた羊肉ということになってしまう。こんな親切なもてなしを断るわけにいかないのでなんとか頑張って匂いを嗅がないように丸呑みにしてやっとその場を切り抜けた思い出がある。二人とも食べ物はほとんど好き嫌いがないつもりだったが、あのとき以来羊肉だけは用心してしまう。

サマルカンド、ブハラの遺跡を見に行かないか、と誘われたがラジオの録音を頼まれてぜひ日本の曲を演奏してくれとのことでやはり仕事優先で観光はやめた思い出がある。オペラ出演ということで来ているので、独唱曲は譜面さえも持って来なかった。さて、どうしようと考えたが、中田喜直の「六つの子供の歌」から何曲か思い出して暗譜でとにかく録音してみようかということになる。中田喜直のその曲は何度も伴奏を付き合ってはいたが、暗譜で弾いたことはないのでさて大変。どうやっても全部は正しく思い出せない。どうしても元の調に戻れなくなり、違う調で終わることにしてなってしまった。なんとか形はつけたのだが、「中田先生、ごめんなさい。」サバ読みをせざるを得なかったが、曲の雰囲気だけはあまり損なわなかったと思っています。

比奈子の出演したタシケントの劇場は大きくて立派で美しい。地元の人たちはこの建物は日本人が作ってくれた、と喜んで話している。日本人がとても働き者揃いで仕事が丁寧で素晴らしいと。褒められるのは嬉しいが、少し複雑な気持ちになる。たぶん、満州、シベリアなどから、働くために連れて来られた日本人捕虜が終戦前後タシケントにも送られて来たものと察するからだ。どんなにか厳しい条件のもとで働いてくれたのか。でももしかしたら、タシケントの人々は親切に扱ってくれて日本人の良い働きぶりに報いて暖かく対応してくれたのか、それを信じたい気持ちになる。

一九六九年四月末、ソ連公演のあと弥生子は東京に、比奈子はハンブルクに戻る。

比奈子は六月二日にはチェコスロヴァキアのテプリッツでオペラ『リゴレット』のジルダを歌っている。

十一月二十九日、東京文化会館大ホールでモーツァルト『魔笛』(二期会主催の公演)「夜の女王」に出演。

一九七〇年二月六日、サンケイホールで二期会オペラ公演『セヴィリアの理髪師』ロジーナ役に出演。三月二十六日二十七日、マグデブルグでR・シュトラウス「四つの最後の歌」。四月一日、デッサウでデッサウ劇場オーケストラで同じ曲を。六日ロストック劇場でリサイタル。モーツァルトとシュトラウス、中田喜直、ピゼッティを歌う。その後、帰国。

その後、十月に再度渡欧、一日二日東独ゴータとシュワルツァでチューリンゲン・オーケストラと『ホフマン物語』から「オランピアのアリア」、ヴェルディの『椿姫』から「ヴィオレッタのアリア」、モーツァルトの『後宮からの誘拐』から「コンスタンツェのアリア」。四日、ライプチヒ国立ラジオ・オーケストラと「音楽の魅力」というラジオ番組に出演。モーツァルトの「羊飼いの王様」を歌う。ブラチスラヴァではスロヴァキア・フィルハーモニーの定期公演に出演。その後、ライプチヒでライプチヒ・フィルハーモニーと共演。公開録音を行なう。ロストックその他でリサイタル。ワルシャワ国立放送に出演。ポーランドのロジでテレビ放送を行ない、ブロツラフで『蝶々夫人』に出演。年末には第九に出演のため帰国。地方演奏旅行やペルゴレージのスタバトマーテルのソロなどを歌う。

一九七二年、渡欧、東独演奏旅行を行なう。ロストックなどその近郊でリサイタルを行なう。シュヴェリン・シンフォニー・オーケストラと共にシュヴェリンの街を始め、諸都市で演奏会を行なう。十一月十二日、プットブスのプットブス劇場でリサイタル。十四日、シュトラルズンドでリサイタル。プログラムはバッハ、メンデルスゾーン、中田喜直、深井史郎、ベルリーニ、ヨハン・シュトラウスなど。十六日グライフスヴァルド、十八日アイゼンヒュッテンシュタット、二十一日シュヴェリンのギュストロウ劇場で国立オーケストラとモーツァルトの「モテット」、二十二日ウィルスマールでシュヴェリン・オーケストラとモーツァルトの「モテット」を。二十三日、二十四日シュヴェリンの祝典ホール、二十五日ウイッテンベルゲ、二十七日シュトラルズンドでリサイタル。プログラムは十二日十四日と同じ。二十九日、テレビ「インテルメッツオ」で日本の歌を数曲を歌っている。三十日、ウイスマールで、マルシュレブスキーで、バンジンでリサイタル。曲目は上記と同じ。

一九七三年、ロストックのフォルクス劇場でリサイタルを行なう。ライプチヒとその近郊で数多くのリサイタルに出演。十一月にはルーマニアでオペラに出演。

一九七四年十一月に『蝶々夫人』についてテレビで話しているが、その時の原稿をここに記載しておく。

私はヨーロッパのいろいろな国のオペラ劇場で客演致しましたが、今日はプッチーニの「蝶々夫人」についてお話したいと思います。

このオペラは日本を舞台にしたものなので、外国人にとっては異国情緒豊かな、魅力のあるもので、ヨーロッパでも上演回数が非常に多いポピュラーなレパートリーなのですが、私たち日本人から見ると、時々大変おかしい演出、演技がまかり通っており、困る事がたびたびです。こんなに世の中が交通網の発達でジェット機で世界中どこもひとまたぎの時代になっていながら、そして科学、経済、文化の交流もこれほど盛んになっているのに、ヨーロッパ人にとっては、まだまだ日本人、日本の風習というものは認識されていない感じを受けます。しかも、それは日本とあまり関わり合いを持たない小都市の劇場のオペラならいざ知らず、ミラノのスカラ座のような大劇場でさえ、あまり改ためられていない状況です。近頃オペラでの演出が非常に重要視され、演奏面と同じ位の比重で見られる事を考えると、ちょっと不思議な気がします。しかし、どこの劇場も自分の所の演出というものには絶対の自信をもっており、演出家もプライドがありますから、日本人が客演したくらいで、どこそこがおかしいなど言っても、「はい、そうしましょうか」と言うように改める事は難しいのです。自分達のやっている事への自信の強さは私たち日本人には絶対真似出来ないくらい強く、たとえば、裏方の衣装係の人たち一つを取ってみても分かる事です。客演で日本からこしらえていった立派な衣装を持参すると、始めは良い顔をしないのがいつもの事です。自分たちの所に素晴らしい衣装があるのに何の必要があって持ってくるのだ、と言う事らしいのです。しかし公演の後には、態度が変わり、本当の着物姿というのはこれなのか、是非同じ様な衣装を作りたいから、二、三日貸してくれないか、とか欲しいから譲ってくれとか言われます。

そんな訳で、「蝶々夫人」の客演の時は私の気遣いはまず演出の事に始まります。相手は必ず決まってみんな、「我々の劇場の演出は全て traditional で何の変わった所もないので、安心していなさい。問題は何もなく、音楽的打ち合わせ以外必要ではないでしょう」などと言います。ところが、この traditional というのが［クセもの］で、全て確かめてかからないといけないのです。1幕は大体やり方に変化がなく、決まっていて問題なく何とか収まるのが常ですが、2幕は道具建ても多いし、動きも細かくなり、演技がものをいう場面ですから、まず舞台の上を自由にあちこち動けるように、座布団とか、屏風などの位置から直してかからないと、こちらが動きが取れなくなります。

ではここで、ちょっと珍しいレコードがあります。

蝶々さんがエルナ・ベルガー
ピンカートンがルードルフ・ショック
シャープレスがフィッシャー・ディスカウ
ドイツ語で歌っています。

ドイツの往年の名ソプラノ、エルナ・ベルガーさんには、私もハンブルグで教えを受けましたが、大変立派な声のテクニックの持ち主でコロラトゥラの軽い声にも関わらず、このように見事にプッチーニを歌っておられます。ベルガーさんの言われた事ですが、自分の声は大変明るいので、相手役のテノールは少し暗い声の人の方が合うようだという事で、なかなか面白い考えだと思います。

私どもが外国へ行ってやります客演というものは往々にして、音楽練習がほとんど通り一遍で、あとは舞台の上でどうやるかは、簡単に打ち合わせを開演前にするだけなので、始めの頃は、どういう事になるか、気をもんだものです。が、結局自分のやるべき事だけしっかりやっていれば、舞台の上での歌の約束事が決まっている以上、後はその時々の歌い手たちの細かい improvisation が生かされ、良い舞台が出来上がるものだ、という事がわかってきました。

例えば第2幕に入って、花の二重唱の所は、どういう風に動くかなど、打ち合わせはしておいても、ほとんどその通りにはいかず、即興的になりがちです。劇場によっては、二重唱の最後で蒔く花びらがなくて、大きな花の枝しか用意しておらず、慌てて空っぽのかごを持って来てもらい、花びらを蒔くかっこうだけした事などもあります。

ところで、演出というものには、やはりどこでもお国柄が出てきます。例えば、ソ連は、膨大な広さを持ち、種々雑多な民族を抱えている国で、町など北と南では、全然国が違うみたいに感じるのですが、それでも何か一貫して感じるソ連の舞台というものがあるように思います。大体人間が大柄な事もあって、動きを大きく、全体にドラマティックに盛り上げて、色彩も明るく、豊かでどこまでも健康的です。それがチェコスロヴァキアなどに行きますと、ずっと技巧的といいますか、大変細やかな演出で、場面場面に変化を持たせて、舞台を引き締めていました。例えば、私がプラハのティル劇場で歌った時には照明の効果を十二分に生かして、幻想的な雰囲気を強く押し出し、とても美しい良い舞台だったと思います。

ポーランドとなると重厚でちょっぴりドイツ的ともいえるような、確実な舞台作りです。しかもなかなか新しい試みも盛んで、舞台の大道具、小道具をうんと少なくして、服装なども現代をもって来て、より一層現実感を強める意欲的な演出もありました。

ルーマニアは非常にラテン的で、その気質そのままが舞台にも反映しており、明るく、豪華で美しく、歌い手も生まれながらにして俳優的素質を多分に持っているので、お芝居も実に自然で、イタリアに一番近い感じです。

歌い手の事ですが、やはりこのオペラは日本人が一番向いているものだと思います。各国人、それぞれ特徴がありますが、役柄が15、6歳の日本の小娘なのですから、視覚からくるイメージという事も大きな要素になります。

終わりにもう一つ、『蝶々夫人』では、子供が出てくるので、時々エピソードも生まれます。私の顔を見て、急に外国人なのが気味悪くなったらしく、舞台に連れて出したのはよいが、メソメソ泣き出されてしまい困ったソ連の小さな女の子。また反対に、ある時はひどく大き過ぎる子供で、抱くに抱けず、歩かせて出入りさせた事もあります。また、小さかった子役が、途中で突然大きな子に変わって驚いた事も。これは新米の小さな子では外人の客演の蝶々さんに、粗相があってはいけない、という事らしいでしたが。

もう一つ、比奈子の原稿が残っている。これは当時、洗足音楽大学で声楽科の教授をしていた頃、学生の発声練習についてたぶんどこかの音楽雑誌に書いた原稿のようで、若い生徒にどのように声楽を教えていけばよいのか、比奈子の生徒を思う優しさが見受けられる。

声楽を始めたばかりの若い人に発声の技術的問題を活字を通して説明する事は至難の技であり、教師と生徒の一対一のレッスンにおいてさえ、しばしば意思疎通を欠く事があり、ましては紙の上での説明ではとても理解はおぼつかないのではないかと思う。

しかし、いつも先生から言われること、未解決の問題がたまたま第三者から違った言葉で暗示されると、時として、ハッと目の前が急に開かれたように分かる事もあり、それほどではないまでも、複数の人間の意見や考え方を見聞き出来る点では、読む事からの声楽全体に関する知識の集約という意味でこの本は興味深い良い企画だと思う。

どんな場合でも、教師というのはあくまでも良き助言者でしかないのであり、あとは本人の努力で自分のやり方、自分の歌い方を見つけ出していくより方法がないのである。それには、技術的な発声の問題と同時に、広い音楽全般にわたる良い知識を身につけて欲しいと思う。

以下、2、3私なりの発声の助言を記してみよう。

手っ取り早く自分で軽く声を出してみる事から入っていこう。この軽くとはどういう事かといえば、ハミングのような要領で、声を細くスタッカートで、ある程度の速度をつけて、音形を決めて上下する練習がよい。スタッカートの練習は、1つには呼吸する時の息のコントロールを自分の意思で自由におこなえるように、身体全体が機能する事を実感として捉えるのに都合がよい。そして、喉の筋肉に感覚として音の響きを覚えさせ、口の中の共鳴をつかむ手がかりを与えてくれる。また、声を無理なく広範囲の音程まで届かせて、自分の意識の中の高音に対する恐れ、戸惑いを取り除く役目も果たしてくれる。順々に音の組み合わせを変えていき、少しずつ音程の幅を広げて、次にはスタッカートだけでなくレガートも混ぜ合わせて、長い持続する音の出し方まで持って行くと、声を出すときの不自然な〝りきみ〟や不必要な〝かまえ〟が不要になり、いくべきところに声が滑らかに自然にいくようになるのではないかと思う。

もちろん、そう簡単に事が運ぶ訳にはいかないが、道筋として、スタッカートから入って行く方法は、わりに効果が上がるようだ。ゆっくり、あせらずに無理に大きな声を出そうと考えず、細かく気を配って、身体全体に感覚として、覚えこませる事だ。

発声練習において、たいがい「a」の母音でやるのが無難だが、人によっては「a」よりも「o」の母音の方が口の中で響きを前方に集め易く、より効果が上がる事がある。特に中音域の共鳴がつかみにくい場合には、この「o」の母音で練習する事を勧めたい。

発声と発音の関わりも重要で、発音をはっきり明確にするには、声の響きが口の前方に集められていなくてはうまくいかない。また、発音を明確にする事で、共鳴がつかめ、息のコントロールが助けられ、声の支えがうまくいく場合もある。とにかく、［発声］と［発音］のこの二つは持ちつ持たれつの関係にあるようだ。外国語の発音では、日本人が普段日本語を話す時にはあまり使わない筋肉も働かせる必要が出てくる。人それぞれ骨格が違うから、他人の歌う様子を見ているだけでは、はっきりどこの筋肉が使われているのか分からない場合が多いが、歌うためには、顎から口の周り、顔全体と言っていい程いろいろな部分が微妙な動きをしており、それをうまく捉えて自由にコントロールしていけるように練習して欲しい。とにかく、顎とか唇、舌などの動きを敏速にするように心がけなければいけない。それには1つの方法として、オペラの中のレチタティーヴォ、セッコの様な早口の部分を取り出して、言葉を音の上に乗せてはっきり歌う練習をしてみるのも良いようだ。

発声練習は少しの時間でも良いから、毎日規則正しくするのがよい。一度にまとめて何時間も続けるのは声を疲れさせるだけである。毎日の喉の筋肉の反復訓練が特に初心者には絶対必要であり、頭を使って能率良く練習を切り上げる習慣をつけるのがよい。頭では分かっているつもりの事も実際の練習の段になると、なかなか思い通りに事は運ばないものである。最初から呼吸の仕方、共鳴のさせ方とあらゆる複雑な理論を振りかざしてみても、初心者はとまどうばかりで、ますます自由を奪われ声が出せなくなってしまう。なので発声の理論的裏付けは、一応少し声の出し方が軌道に乗って来た頃にして、それまでは、本を読むなり、良い音楽家の演奏をじかに聴くなりして耳を肥やし、自分なりに取り入れてもらいたい。そうすれば、自分が実際毎日の練習で体験している、いろいろな問題が少しずつ頭の中で整理されて分かってくるのではないかと思う。

日本の音大でのレッスンは週1回の40分～50分の授業だけで、短期間に進歩を望むには習う側がよほど集中して勉強しない事には難しい。教える側にも、この時間不足をどうやってカバーしてそれぞれの生徒の個性を伸ばしていくか、いつも苦心する訳である。教師と生徒が、お互いに人間的にも信頼し合い音楽的嗜好が一致した時、理想的な関係が保たれ、初めて勉強も実りのあるものになるようだ。優れた歌い手が必ずしも良い教師とは限らないし、自分自身は歌い手ではなくても、声の事を知り尽くしている非常に優れた先生もたくさんいる。また、他人にとっては良い先生でも自分に合うかどうかはこれまた実際に当たってみない事には何とも言い難い。良い指導者に巡り合う事がまず出発点でのカギとなると言ってよいだろう。

最後に選曲について一言触れておきたい。若い学生の場合、特に女声は圧倒的に多いのが軽いソプラノ、いわゆる soprano lirico か soprano leggero がある。声の区分けは音色、質で決められるが、往々にして声に合わない重苦しい、しかもどう見ても若い声には無理な大曲を歌っているのに出くわす事が多々ある。若さの溢れたみずみずしい声はそれだけで既に代え難い貴重な宝である。一旦重くした声は、艶を失い元の軽快な声に戻るには大変な時間がかかる。悪くすれば元にはもう戻らない。若い声には、それなりに合った曲が山ほどあるのだから、年月をかけて経験を積んだいわゆる大人の soprano dramatico が歌うようなオペラの中の大曲をわざわざ取り上げず、声に無理のないものを選んで欲しい。もちろん選曲は教師の責任でもあるのだが、やはり自分自身で歌おうとする曲に対して、知識を旺盛にしてその曲がどんな音楽なのか、判断する能力を身に付けてもらいたい。音楽をよく眺めて、また本をいろいろ読んだりレコードを聴いてみたり、曲を知る手段は今の世の中は自分が望めばいくらでも転がっているはずである。この点一昔前までは楽譜一つにしても、手に入れるのにずいぶん苦労したものだ。日本では聴いたことのない曲などたくさんあったのだが、今は特殊なものを除き、ほとんど何でも手に入る恵まれた音楽的環境にある。自分の方からの働きかけいかんでいくらでも知識は取り入れられることを忘れないで欲しい。そして、何よりも音楽に対する、よい趣味を養うように心がけて欲しいものだ。趣味というのは、もちろん人の生まれつきの部分もあるけれども、後天的なもの、つまり経験、知識、感性などで高められるもののように思える。最終的には、この点が例えば音楽会のプログラミング一つ取ってみても、その人の音楽的傾向、方向を決定する大事なポイントになってくるのである。

もう一つ、『あんさんぶる』という音楽月刊誌（カワイ出版）に「私の歌」というタイトルでエッセイを書いているのでここに記載しておく。（一九八二年五月号）

「私の歌」

自分で歌ったことのある曲にはそれぞれいつも思い出があるが、楽譜の苦労がつきまとった時のことは特に忘れがたい。

今でこそ楽譜やレコードは豊富に出回っているけれど10年前はまだ手に入らない楽譜も多かった。演奏家にとって楽譜は自分の身体の次に大事なもので、外国の音楽家も、こと楽譜に関しては自分のものはよほどのことがない限り、生徒はもとより、誰にも見せたり貸したりなどしないものだ。コロラトゥラソプラノの曲などは、どんなカデンツァをどこにつけるかということが、その曲を生かしも殺しもする重要なポイントになるので、カデンツァの選択からして難しい時間のかかる仕事になる。イタリアでオペラを勉強していた頃には、先生から楽譜には書かれていない多くの実例などを、どうやって少しでも多く聞き出すか、レッスンのたびに苦労した。ハンブルクのホッホシューレでエルナ・ベルガー先生に習い始めた頃、先生の弟子のソプラノが、自動車事故で学校の公開音楽会に出演不能になり、急遽私が代演で、モーツァルトの「にせ庭園師」を歌うことになった。いつもはご自身の楽譜は絶対に見せて下さらない先生も、この時ばかりは急なことで時間が迫っており、秘蔵のスコアを1日だけ貸して下さった。名ソプラノの楽譜をかいま見たのはひどく興味深かった。

楽譜といえば、オーケストラの総譜でも苦労した。1969年のことだった。チェコのプラティスラヴァでスロヴァキア・フィルの定演でモーツァルトのモテットと「羊飼いの王様」のアリアを歌った時の事である。演奏旅行の3週間前になって、急にオケからどうしても「羊飼いの王様」の楽譜が手に入らないので至急探して持参してくれ、と言ってきた。今更曲目変更は出来ず、私の慌てた事といったらなかった。ハンブルク中の楽譜屋、古本屋を聞き回ったが、もちろん見つからない。今ならこのオペラの全曲レコードも出ているが、当時はレコードではマリア・シュターダーの歌ったアリア数曲が唯一のこのオペラに関する材料だった。困り抜いた末、偶然姉の弥生子がスイス留学時代にどこかの音楽会で、シュターダーさんとご一緒になったことがあり、住所を知っていたので、この楽譜のありかを尋ねる手紙を書いたのだった。私のようなチンピラのソプラノの願いにもかかわらず、彼女は直ぐに丁寧な返事を下さった。

「実は自分も楽譜がなかったので、オケのスコアから自分で写して自分用のを持っているだけであり、多分ザルツブルクのモーツァルテウムに問い合わせるのが良いだろう」と書いて下さった。日にちは迫り、既に手紙でザルツブルクに問い合わせる間もなく、最後の手段とあちこちの図書館を探し回った末に、やっとハンブルクの市立図書館でオケの総譜を見つけた。楽譜を借り出して来て、わずかな時間のため寝る間も惜しんでパートごとの楽譜作りが始まった。スコアとにらめっこで慣れないペンに黒インクで五線紙を埋めていくのは今考えてもうんざりする。小編成の6、7分の古典曲とは言え、各パートを写していくのは大仕事だった。しかも、チェコとルーマニアへの1ヶ月以上の演奏旅行を目前に控え、オペラやコンサートなどの盛りだくさんのレパートリーを抱えて、歌の練習もしなくてはならず、気ばかり焦って、ヘマな書き損じばかりして時間を費やしていた。

どうにか写し終わり、出発までこぎつけたのだが、事ある時には何でも重なるもので、その時の旅行にはまたまた事件が待っていた。飛行場に駆けつけてみれば、乗るはずの飛行機は既に出てしまった後だった。日航の手違いで切符に間違った出発時刻が記入されていたのだ。プラハ行きは一日に何度もある訳ではない。仕方なく、その日は家に逆戻り、プラハに電話する騒ぎになった。翌日乗り継いでプラハ経由プラティスラヴァに到着した時は、いっぺんに身体中の力が抜けてしまったようにガックリして、ヘタヘタと部屋で座り込んでしまったのを思い出す。

幸い、オケとの練習もうまくいき、私の写した楽譜も難なくパスして、本番の演奏会になった。珍しい、綺麗な曲を歌ってくれてとても楽しかった、といろんな音楽家から喜ばれたのは幸せだった。こんな苦労は二度としたくはないけれど、人に喜ばれると、どんな苦労も帳消しになり、また良い演奏をするためにコツコツと日夜努力しているのが、私たち演奏家の宿命かもしれない。

7　藪入り三昧

私の話に戻る。一九七一年三月、四月、六月、七月合計八回いろいろなプログラムでベートーヴェンを弾いている。いわきではベートーヴェン三大ソナタ「悲愴」「月光」「アパショナータ」を弾く。大阪では「月光」「ワルトシュタイン」「ディアベリ変奏曲」を。山形、気仙沼、舞鶴、京都、丹後ではベートーヴェンのソナタ以外にモーツァルトの「トルコ行進曲付きソナタ」、ドビュッシー「月の光」、諸井誠の「八つのいろはたとえ八題」、ショパンの練習曲から三曲、「英雄ポロネーズ」、チャイコフスキーの「トロイカ」、リストの「愛の夢」「メフィストワルツ」を弾いている。

七月二十二日、読売交響楽団、指揮山岡重信でモーツァルトの協奏曲24番 K491、翌日同じ曲をアルスノーヴァ交響楽団、指揮秋山和慶で演奏している。

八月二十七日、東京フィルハーモニー、指揮荒谷俊治でブラームスの協奏曲1番を演奏。その後、十月、ソ連に演奏旅行に行っている。

モスクワ十月三日、リガ十日、キエフ十四日、ヘルソン十八日、オデッサ二十日、ハリコフ二十二日、リサイタルを合計六回弾いている。曲目はベートーヴェンの「ディアベリ変奏曲」、諸井誠の「いろはたとえ八題」ラヴェルの「鏡」より「悲しい鳥」「道化師の朝の歌」、ヒンデミットの「ソナタ3番」。その間に十月六日ヴィルニュス、七日カウナスでヴィルニュス・フィルハーモニーと指揮ガラッィでブラームスのピアノ協奏曲1番を弾いている。ルーマニアの指揮者ガラッィとはその後、何回もルーマニアで再会して共演している。そして日本にも演奏に来た。とても合わせ易い良い相手である。十月十五日、キエフでキエフ・フィルハーモニーと指揮コンドラシンとシューマンのピアノ協奏曲を演奏。

コンドラシンは有名な指揮者として広く名を知られていたが、まさに職人気質の叩き上げの指揮者である。もちろん、共演の相手としてまったく文句のつけるところなどない。でも個人的に私としてはもう少し人間的に柔らかい感覚をもった指揮者ヤンソンスの方をより高く評価したい。二十四日にレニングラードでレニングラード・フィルとヤンソンス指揮でモーツァルトの協奏曲24番K491。以前ルーマニアで会って約束をしてくれたムラヴィンスキーが病気で指揮ができなくなって、代わりにヤンソンスが指揮をしてくれた。十一月七日から十一日まで東ドイツで計九回リサイタルを行なう。七日ドランスケ、八日プットブス、九日シュトラルズンド、十日グライスヴァルド、十一日ヴィスマール、その後、ヴィッターフェルド、メルセブルク、シュヴェリン、パーヒムに。十八日は青少年のためのドレスデン・フィルハーモニーの音楽会で、その時はウェーバーの「小協奏曲」を演奏。十九日と二十日は牧野由多可の「ピアノ協奏曲2番」の世界初演に加えてウェーバーの「小協奏曲」も指揮者ザイファルトで演奏する。

この牧野由多可の協奏曲については以前にも少し触れたが、一九六七年にドレスデン・フィルと協演して松平頼則の「主題と変奏」がものすごく聴衆に受けたため、ドレスデン・フィルが創立一〇〇年記念の時に日本人の作品をぜひ持ってきてくれないか、ということになった。そこで牧野由多可の協奏曲2番が誕生した。ただし一九七〇年は私がベートーヴェン二〇〇年祭で日本を離れられないために一年遅れの一九七一年にドレスデン初演となったいきさつがある。

この時の旅行のことを『音楽現代』一九七二年十月号の「ある都市でのリポート」に次のように書いている。

秋も深くなった十一月末の夕方に汽車はドレスデンに近づいた。前夜シュヴェリンでリサイタルがあり今日は昼頃から、かれこれ七時間も汽車に座っている。日本では新幹線に慣れてしまいあの速度でさえまだるっこいようで始終せかせかと旅行する傾向なのに、ヨーロッパの風に触れると、せっかちが治ってくる。ドレスデンの明かりが見えると二年ぶりに来る懐かしさに気持ちが弾んでくる。作曲家同盟書記のディングゲルシュテット女史はどうしているか、作曲家のティルマン教授は元気か。フィルハーモニーの連中は、と次々に知り合いの顔が目に浮かぶ。ドレスデンで演奏するのはもうこれで五回目になる。そのうち二回はリサイタルで、三回はフィルハーモニーとの協演である。招かれるたびにますます期待に応えたいという気持ちがより強く燃え上がる。個人的にはまったく顔も見知らぬ聴衆という人間の集まりなのに、その知らない人間の一人ひとりの心が私を理解して支持してくれるのが、電気のように伝わってくる。ドレスデンに離れがたい愛着を感じるのは特にそのためなのだ。明朝はオケ合わせがあり、夜はもう本番になっている。二曲の協奏曲の練習の時間の配分はどのようにしようかなどと思いは先に走る。汽車は町に入る手前で遅くなり少し遅れてから着いた。顔見知りのインスペクター（オーケストラの中で演奏以外の記録、設備その他団体行動におけるまとめ役）と運転手がプラットホームで待っていてくれた。駅を出ると驚いた。二年前には建設中で、なにやら盛んに掘り返していた駅前の広場がすっかり完成して大きなホテルや住居がずらりと並んでいる。最近の建設ぶりには目を見張るような活気がある。ドレスデンは第二次世界大戦の末期にアメリカの空爆で根こそぎ破壊されるまでは、プラーハと並んでヨーロッパでも一、二を争う美しい都市だったと昔を知るドレスデンっ子が、口を揃えて言う。町の八〇％が近くが壊されたという話だから、その酷さも想像を超えていただろう。その後、二〇数年を経て復興を続けて最近めざましく町が整ってきたというところであろう。ドイツ人の底力を感じさせられる。駅前の新しい二〇階建てほどのホテル「ネヴァ」に入る。荷物をほどく間もなく、指揮者のザイファルト氏から電話で、明日のオケ合わせの前に今夜これからぜひ打ち合わせたいと言ってくる。もう夜八時近いし汽車を降りてから休んでもいないのだが、二つ返事で承諾する。彼が車で迎えに来て、文化宮殿の中のフィルハーモニーの事務室の指揮者の部屋に行き、そこのピアノでたっぷり弾いて意見を交わす。曲はウェーバーの小協奏曲と牧野由多可の第2協奏曲。翌朝はその両方を合わせる必要がある。そして夜は「青少年のための音楽会」でウェーバーの方だけだけれども本番で弾かなければならない。牧野の方は翌日と翌々日の普通の音楽会で弾くが、その音楽会の曲目は牧野の他にウェーバーも加えられて協奏曲が二曲になる。初演の牧野は、指揮者も私も初めて本物の音に接するところなので、特に心を砕いて練習する。ザイファルトは新鋭で、ピアノもうまいし、素晴らしく合わせ良い。彼との合奏は以前ショパンやモーツァルトで経験済みなので、気持ちはしっくりいくが、本番までの練習の厳しさは一通りでない。

翌朝のオケ合わせも悪くなかった。しかし終楽章の主題の弾き方がどうしても指揮者に気に入らない。私はいざ本番まで力を蓄えるつもりで練習の時には少しばかり楽にやっていたのだが、そうケチつけられると不機嫌にもなる。本番を見てくれと内心で叫び、少なからずツンケンしながら練習を終わる。夜の青少年のための音楽会も二千六百人入る文化宮殿の大ホールで、満員で行なわれた。東独ではどこのオケも青少年の会に協力して、ゆくゆくは一年に一回はどの生徒も音楽会を聴けるようにする計画という話だ。国家が音楽を支援している度合いは日本などとはまるで比較にならない。青少年の会とはいえ、時には、翌日の正規の音楽会の切符が手に入らないので、青少年の会の方へ忍び込んでくる大人も少なくないとか聞く。忍び込んでまで聴きに来てくれる聴衆、こんな伝統をもつ音楽文化の地が他には今どこにあるのだろう。それは、ウェーバー、シューマン、ワグナー、シュトラウスなど多数のドイツ音楽家の活動の中心地だったことが、現代まで荒れないで伝統として引き継がれているることに依るものだろうか。青少年の会に正規の会が二回続き、計三回とも大ホールが満員になってしまう。そしてドレスデンにはもう一つシュターツカペレがあり、フィルハーモニーと競い合っている。それでもなお切符が買えなくて貴方の音楽会に行けない、などとホテルのフロント嬢が言ったりするくらいみんな気軽に音楽家へ行く。

本番では問題の主題は少なからずケンカ腰で弾いた。それが功を奏して指揮者氏も御満悦、素晴らしい祝福された初演をすることができた。練習でワザと私を怒らせたのも計算の内だったのか。翌日はもう成功に酔っている間などなくて次の予定地のハレに向かってドレスデンを発ったのだった。

十一月二十八日、フランクフルト交響楽団、指揮者ボーテでアイゼンヒュッテンシュタットという町で、モーツァルトの協奏曲24番K491を、十二月二日、三日、プラウエンで劇場オーケストラと指揮者ヘンゼルでブラームスの協奏曲1番を演奏している。年末、日本に戻る。

一九七二年三月、郵便年金ホールでリサイタル。曲目はクリスチャン・バッハのソナタハ短調、ベートーヴェンのソナタ「熱情」、ヤナーチェクの「草かげの小径にて」、松平頼則の「前奏曲二曲」、田園舞曲6番、メシアンの「前奏曲」三曲、ヒンデミットのソナタ3番。四月、ポーランドに演奏に行く。クラコフでクラコフ・フィルハーモニーと指揮ブーリでブラームスの協奏曲２番、シチェチン・フィルハーモニーと指揮ストルガワでプロコフィエフの協奏曲１番、カトヴィッツェ国立オーケストラ、指揮、プザチェクでラフマニノフの「パガニーニ狂詩曲」、ワルシャワ・ショパン協会主催リサイタルでは、東京の三月のリサイタルと同じプログラムを。ヴロツラフではワルシャワと同じプログラムを。五月にはチェコスロヴァキアに行って、チェスケクロムコフでリサイタルを前記と同じプログラムで演奏している。

その後、ルーマニアに行く。ブラショフでブラショフ・フィルハーモニーと指揮ガラツィでラフマニノフの「パガニーニ狂詩曲」、シビウでシビフ・フィルハーモニーと指揮ゼルビンクでモーツァルトの協奏曲24番K491。ガラツィでガラツィ・フィルハーモニーと指揮シュミットとも同じモーツァルトの24番の協演。

その後、東京に戻る。六月、東北大学オーケストラと指揮伴有雄でブラームスの協奏曲２番、九月、京都で京都市交響楽団と指揮山田一雄で松平頼則の「主題と変奏」（佐々木弥生子さんの代役を急に頼まれた記憶がある。）十一月、和歌山で洗足学園オーケストラと指揮森正でベートーヴェンの「合唱幻想曲」を演奏。

一九七三年二月十五日、横浜奏楽堂でバリトン歌手原田茂生さんとジョイント・コンサート「ベートーヴェンとシューベルトの夕べ」が催される。ベートーヴェンの「葬送」「ワルトシュタイン」、原田さんはシューベルトの歌曲を歌った。

その後、三月二十七日、労音会館ホールで「ヴェトナム支援のコンサート」の催しに出演。ベートーヴェンの「葬送」、28番 Op. 101 のソナタ、ヤナーチェクの「予感と死」、オム・チョンソクの「田野にて」、チョン・ポンソクの「豊楽舞」、ショパンの練習曲 Op. 10-3「別れの曲」、Op. 25-11、「木枯らし」、「革命」、Op. 25-7、英雄ポロネーズを弾く。パリ時代、最初に住んだ寄宿舎で親切にいろいろ教えてくれたヴェトナム人のラックニヤンは今どうしているか。元気でいてくれるのだろうか。八方手をつくしてみたが、音信不明で残念。彼女への想いがこのヴェトナム支援の会の原動力ともなった。四月九日、女子学院での音楽会では、ブラームスのソナタ3番、インテルメッツオ 117-1、ラプソディー Op. 119-4 を演奏。十六日、常陸労音主催でブラームスの「自作主題による変奏曲」Op. 21-1、ソナタ3番、ベートーヴェンのソナタ「葬送」、ショパンの練習曲 Op. 25-7、「木枯らし」Op. 25-11、「別れの歌」10-3、「革命」。十七日、古河労音例会では、ブラームスのソナタ3番、「自作主題による変奏曲」Op. 21-1、ベートーヴェンのソナタ28番 Op. 101、ショパンの練習曲 Op. 25-1、Op. 25-11、Op. 10-3、「革命」を演奏。五月九日、東京文化会館大ホール「ブラームス生誕一四〇年記念コンサート　ブラームスの夕べ」でリサイタルを行なう。プログラムは「自作主題による変奏曲」、ソナタ3番、「インテルメッツォ」Op. 117-1, 2、Op. 118-2, 3, 5, 6、「ラプソディー」Op. 119-4。五月に中塚労音主催でリサイタル。プログラムはハイドンのソナタ嬰ハ短調、モーツァルトのソナタ8番 K310、ショパンの夜想曲 Op. 48-1、スケルツォの1番、シューマンの「トッカータ」、宍戸睦郎の「トッカータ」、プロコフィエフの「ソナタ2番」。

六月六日、東京女子大大講堂でリサイタル。プログラムはハイドンのソナタ嬰ハ短調、ブラームスのOp. 117-1、「カプリッチオ」Op. 76、シューマンの「トッカータ」、ショパンの夜想曲Op. 48-1、マズルカOp. 17-1、スケルツォ2番。二十二日、文化会館大ホールにおいて日フィルの定期公演・指揮を渡辺暁雄で牧野由多可の「協奏曲2番」を日本初演。(世界初演は前述のドレスデン)

七月十二日から二十二日はスイスのブラウンワルド音楽週間でリサイタルを三回行なう。

この音楽週間というのは、私がチューリッヒで住んでいた家主のシュミット女史の企画するもので音楽学者の話と演奏を組み合わせた啓蒙的なテーマを中心として、その他いろいろな組み合わせの会が朝から夜まである。一九五八年、マリア・カナルス国際コンクールに一位入賞した直後からシュミット女史は私を弾かせたがっておられたが、エッガー先生が「急ぐな」とブレーキをかけて下さって実現が遅くなった。

一回目は七月十七日でバッハの「イエスは我喜び」、シューマンの「トッカータ」、ラヴェルの「トッカータ」、宍戸睦郎の「トッカータ」、プロコフィエフの「ソナタ2番」。二回目の十八日はハイドンの嬰ハ短調のソナタ、モーツァルトのソナタ8番K310、ベートーヴェンのソナタ28番Op. 101。三回目二十二日はJ・クリスチアン・バッハのソナタハ短調、ベートーヴェンのソナタ「ワルトシュタイン」、松平頼則の「前奏曲」二曲、「田園舞曲」6番、ラヴェルの「鏡」から

ツォ」1番。

その後、十月七日、チェコスロヴァキアのオロモッツ、九日、プジェロフでモラヴィア・フィルハーモニーと指揮ノヘイルでラフマニノフの「パガニーニ狂詩曲」、十月はブラチスラヴァで三十日と三十一日、スロヴァキア・ラジオ・オーケストラと指揮ライターでラフマニノフの「パガニーニ狂詩曲」を演奏。その後、ブルガリアに行き、十一月十二日、首都ソフィアでリサイタルを行なう。曲目はマルティーニの「ソナタト短調」、ブラームスのソナタ3番、松平頼則の「前奏曲」二曲、「田園舞曲」No. 6、ラヴェルの「鏡」から「悲しい鳥」「道化師の朝の歌」、ショパンの「夜想曲」Op. 48-1、「マズルカ」Op. 17-4、「スケルツォ」1番。

そこで、演奏旅行にいらしていたモスクワのフリエール先生と再会する。先生は大ご機嫌で曰く「お前があっちこっちで演奏できるのは、来た仕事を絶対断らないでこなすからだよ」と言われる。やっと少しながら私流のやり方を理解してもらえるようになってきたかと嬉しくもなる。ずいぶん身勝手な生徒と思われても仕方がなかった。先生に指定された曲よりも自分が早く仕上げたい曲を持ち込んで教えを乞う形は教師にしてみれば確かに可愛くないやり方かと思う。でも実践にすぐ使える武器を短時間で手に入れなければ間に合わない。エッガー先生に急いてデビューしたらダメと何回も言われていたことが身にしみる。そうかと言って、演奏の良い機会は逃がしたらまずい。チャンスはなんとか捕まえて後に続かせる必要がある。振り返って思うにはデビュー以来あらゆることがギリギリの線でうまく進み幸運にも恵まれてなんとか軌道に乗って動いてきたものと思う。ソフィアでは、パリ時代の音楽院の同級生、田中稀代子さんの親友エミ・ベアさんとも再会する。彼女は稀代子はどうしているかと心配していた。私自身も忙しすぎてお見舞いに行けないままのことをとても後悔していることを伝える。

十一月十五日にヴァルナでヴァルナ・オーケストラとモーツァルトの協奏曲9番K271を弾いている。

その後、東独に行く。十一月二十四日、ベルリンシンフォニー・オーケストラとベルリンとノイブランデンブルグで指揮ハネルで二回、プロコフィエフの協奏曲1番を弾く。十一月二十九日とたぶん三十日、リンバッハとウェルダウでフォクトランド・オーケストラ、指揮ルーエバニーでモーツァルトの協奏曲9番。十二月三日、ハレでヘンデル祝祭オーケストラと指揮トーマス・ザンデルリンクでショパンの協奏曲2番を、五日六日、ドレスデンでドレスデン・フィルハーモニーと指揮ボンガーツでベートーヴェンの協奏曲2番。十二日、デッサウのランデス劇場で指揮レンナウとプロコフィエフの協奏曲1番を、十四日にはルードルシュタート劇場オーケストラと指揮デームラーでラフマニノフの「パガニーニ狂詩曲」を。十七日十八日はベルリンのメトロポル劇場でベルリンシンフォニー・オーケストラと指揮はイタリア人アルジェントと、ショパンの協奏曲1番を演奏している。

その後、東京に戻る。一九七四年二月十三日、都市センターホールで日本テレビ主催、指揮佐藤功太郎で読売交響楽団とショパンの協奏曲1番を弾く。二月二十八日、公開録音、東京文化会館小ホールで労音の企画「日本作品シリーズ」があり、松平頼則の「前奏曲」「田園舞曲」、牧野由多可の「二つの小品」「わらべ唄」「祭囃子」、諸井誠の「いろはたとえ八題」、宍戸睦郎の「アダージオとトッカータ」。後半にベートーヴェンのソナタ10番 Op. 14-2と「アパショナータ」。五月二十一日、姫路市文化センター「モーツァルトの夕べ」でヴィエール室内合奏団と指揮宇宿允人でモーツァルト協奏曲21番 K467を弾く。六月十四日、東京文化会館大ホールで同じくヴィエール室内合奏団と指揮を宇宿允人でモーツァルトの協奏曲21番 k467と27番 K595の二曲を弾く。六月二十五日には京都会館でモーツァルトの「戴冠式」K537も弾いている。

十月にはソ連で演奏。キエフが十月二十四日、モスクワ二十七日、その後、ルヴォフ、チェルニーゴフ、チェルノヴツィでリサイタルを合計五回行なっている。曲目はハイドンのソナタニ長調、ブラームスのソナタ3番、デュカの「ラモーの主題による変奏曲」、ショスタコーヴィチの「前奏曲とフーガ」、宍戸睦郎の「トッカータ」。キショニフでモルダヴィア・フィルハーモニーと指揮グルトヴォイでラヴェルの協奏曲「ト長調」を演奏。

十一月、ルーマニアに移動。シヴィウでシヴィウ・フィルハーモニー、サトゥ・マレでサトゥ・マレ・フィルハーモニーと指揮ガラツィでシューマンの協奏曲を演奏。ブラショフでブラショフ・フィルハーモニーと指揮ガラツィで同じくシューマンの協奏曲。その後、再度ブラショフ・フィルハーモニのブカレスト公演で同じ指揮者と同じ曲を十一月二十二日と二十三日に演奏している。ティルグムーレスで国立ティルグムーレス・フィルハーモニーと指揮ヤクシッツイでショパンの協奏曲2番を演奏。その後、帰国する。

翌一九七五年一月二十六日に目黒公会堂で東京労音交響楽団、指揮を村川千秋でグリークの協奏曲を演奏。五月には大阪厚生年金会館中ホールでヴィエール室内合奏団、指揮宇宿允人でベートーヴェンの協奏曲1番を演奏。七月九日、東京文化会館大ホール「モーツァルトの夕べ」でヴィエール室内合奏団、指揮ガラッティでモーツァルトの協奏曲15番K450と22番K482。十四日、松山市民会館で愛媛労音例会のリサイタル。曲目はメンデルスゾーンの「前奏曲とフーガ」、シューマンの「幻想曲」、ラヴェルの「夜のガスパール」、ベートーヴェンのソナタ「月光」。翌日十五日に大阪で同じくヴィエール室内合奏団、指揮ガラッティでモーツァルトのピアノ協奏曲15番を演奏。

十一月二日、洗足学園大学前田ホールで大学祭特別演奏会。前半はベートーヴェンのソナタ7番Op. 10-3、28番Op. 101、後半は牧野由多可の「二つのエスキス」、諸井誠の「いろはたとえ八題」、松平頼則の「二つの前奏曲」、「田園舞曲」No. 6、宍戸睦郎の「アダージオとトッカータ」。

その後、東独に行き、十一月十九日カールマルクスシュタット、二十日ノイハウゼン、二十二日バードエルスターでリサイタル。二十五日、グライツでグライツ・フィルハーモニーと「音楽週間記念コンサート」指揮ハイニックでモーツァルトの協奏曲22番K482。二十七日、ハレでリサイタルのあと、二十九日、アウエでアウエ国立フィルハーモニー、指揮レーマンでラヴェルの協奏曲ト長調を演奏。十二月五日六日、ドレスデンでドレスデン・フィルハーモニー、指揮ボーテで宍戸睦郎の「協奏曲2番」の世界初演を行なう。

この日のために宍戸さんはドレスデンまで足を運んで下さった。初演の苦労はいろいろ大変ではある。お手本はどこにもなく、それを作り出さなくてはいけないのだから。まずこちらがしっかりやらなければ相手は動いてくれない。練習不足のような素振りは絶対まずい。そのため、私は初演でも暗譜にこだわる。熱意が伝わらなければ相手は乗ってこない。おまけにこの初演には作曲家自身が顔を出してくれているところで失敗は許されない。となると、食べ物も喉を通らなくなる。本音は朝のゲネプロには力の七〇%しか出さないで、夜の本番に備えるのが無難なのだが、ついつい気分が高まってしまうのをなかなかコントロールしにくい。ドレスデン・フィルの公演はいつも二晩にわたる。つまり、十二月五日と六日。一日目の方が二日目よりも良い出来の割合が私の場合は七対三くらいで一日目がましになる方が多い。今回もそんなところに当てはまったようだった。一日目は幸いなんとかうまくいった。二日目はその反動でより安心感が増すのは良いとしてそれがネガティヴに響くことになってしまう。指揮者もうっかりミスで私にくれるはずのサインを一つ忘れて危うく入りそびれそうになり、ハッとした。なんとか気づいてうまく飛び込んで難を危うく免れた。宍戸さんもハッとされたと思うが、お客はたぶん気がつかないでくれたことと思う。お客の熱い拍手に感謝して無事に宍戸さんの初演を祝えることとなる。指揮者のボーテさんにも感謝。

この後十二月八日、九日、ベルリンでベルリン交響楽団、指揮フランク、メトロポル劇場でベートーヴェンの協奏曲1番、十二月十日に同じ編成で同じ曲をラーテノーで「青年のための会」でも弾く。十一日、十二日、エアフルトで市立劇場オーケストラと指揮ニッセンでモーツァルトの協奏曲22番 K482 を演奏。その後、ロストック、グリメン、バードエルスターでリサイタル。東独でのリサイタルは、十一月の洗足学園の大学祭で弾いたものと同じ曲目を演奏。その後、年末は日本に帰国する。

一九七六年、二月十三日、日比谷公会堂「現代の音楽展七六」現代音楽協会主催で日本フィルハーモニー、指揮山田一雄で宍戸睦郎の協奏曲2番の日本初演があった。山田先生は作曲もされるので、そのためか演奏に関してはご自分の曲以外にも自説を通されるので少なからず困ることもあった。全体的には速度のあるものがお好きでないらしい。松平頼則さんの「主題と変奏」を協演した時にも松平さんが「この場所のテンポは早ければ早いほど良い」と言われる箇所で私もそれに賛同するが、山田先生は「早すぎる！」とおっしゃりボツにされる。一演奏家の私が言うなら無視されても仕方がないのだが、作曲家本人がその場におられるのにこのお言葉は少しひどいと腹が立った。結局、指揮者は自分流に、演奏者は作曲家のお考えに寄り添ってなるべく早いテンポで対応したので、とてつもなくぎくしゃくしたひどい演奏になった。それに近いことが宍戸さんの協奏曲の日本初演でも起きた。練習のとき、「僕、どこで聞いたらいいでしょうか」との宍戸さんの問いに「どこでもいいところに勝手に座ってください。」これは普通なら近くに座って気がついたことは遠慮なく言って下さい、と言うのが当たり前の作法と考えるが、山田流はそうはいかないらしい。私もひどいことを言われた宍戸さんのことを気の毒に思ったが、仕方ない。なんとか無難に日本初演は済ませたが、熱気に溢れたドレスデン初演とは大きな違いが生じたのは仕方がなかった。まだ、日本デビューして間もない頃、山田先生の指揮で協奏曲を弾いたことがあった。曲が何であったか思い出せないが、終わってから「ありがとうございました。駆け出しの私を親切にご指導して下さって感謝します」と言ったところ、「あなたのためにしたのじゃない。お父さんのためだ」と言われ、これにはぎゃふん……。やはり親の七光りは至るところに輝くのだ。でもそのお陰でいろいろ良いことばかりを享受できたのはありがたいことに尽きる。宍戸睦郎の協奏曲2番はその後、一九七八年十月二十七日、シュウェリン・シュターツカペレで指揮ブルームハーゲンで再演。一九八〇年十一月二十日、フランクフルト／Oで指揮ボーテ（ドレスデンで初演してくれた時の指揮者）が自分のお膝元で宍戸を再演してくれたのも嬉しい話。一九八〇年十二月一日、二日、ベルリンのメトロポル劇場、ベルリン交響楽団、指揮ヘルビッヒで、翌日も同じメンバーで違う会場のフォルクスビューネでも再演、合計八回再演された。この日には宍戸さんも顔を出して下さった。十二月のベルリンは雪も降りもうかなりの真冬だったが、ヘルビッヒさんとの熱演に宍戸さんはとても喜んで下さった。会の成功を祝って大盛り上がり。打ち上げ会では「日頃のコレステロール」云々の話は一切なしにして禁断のアイスバインもオーケーだ！　アイスバインは豚肉の脂たっぷりの塩漬け肉の料理で多くの男性方にとっては大好物らしい。私自身は肉は好きだが、この種の脂肪には手を出す気はさらさらない。うまくいった会の後の楽しさは格別の喜びの束の間である。ワインも入って大いに盛り上がった楽しいひと時を過ごした。

話は一九七六年初めに戻るが、私は一九七七年、ベートーヴェン没後一五〇年記念の年のため、もう一度全ピアノ・ソナタ連続演奏会をやる計画だったので、その一年前ぐらいからいろいろ準備を考えていた。二月二十八日、名古屋雲竜ホールでソナタ15番Op. 28「田園」、16番Op. 31-1、29番「ハンマークラヴィア」。四月十五日、横浜イギリス館でソナタ1番Op. 2-1、2番Op. 2-2、29番「ハンマークラヴィア」を弾く。

六月、鹿児島で南日本新聞社後援でキングピアノ社協賛により、鹿児島文化センターとキングピアノ社ホールの二箇所に分けて一九七六年六月から一九七七年にかけて全八回でベートーヴェン・ピアノ・ソナタシリーズを完結する予定を立てた。なぜ鹿児島かというと、父の弟にあたる銀五郎叔父が鹿児島大学の教授をしていて、自身も音楽好きで声楽の柳兼子女史に師事していて半分プロぐらいの腕前で音楽関係者とよく交流があった。そのご縁で新聞社とピアノ会社の公演が成り立つことになった。東京ではかなり厳密に年代順に八回に分けたが、鹿児島ではホールによって曲目を割り振った。文化センターの大ホールに適した曲とキングピアノ社の小さなホールに振り分けてプログラムを作った。第一回文化センタホールではOp. 79「かっこう」、Op. 81-a

「告別」、Op. 90、「テレーゼ」、「熱情」。二回目キングピアノ社ホールではソナタ1番 Op. 2-1、2番Op. 2-2、3番Op. 2-3、20番Op. 49-2。三回目は文化センターで17番「テンペスト」、18番Op. 31-3、21番「ワルトシュタイン」、22番Op. 54。四回目はキングピアノ社で「悲愴」、9番Op. 14-1、11番Op. 22、12番Op. 26。五回目は文化センター大ホールで13番Op. 27-1、「月光」、「田園」、16番Op. 31-1。六回目はキングピアノ社ホールで4番Op. 7、5番Op. 10-1、6番Op. 10-2、7番Op. 10-3、19番Op. 49-1。七回目は十月に文化センター大ホールで28番Op. 101、「ハンマークラヴィア」。八回目も文化センター大ホールで30番Op. 109、31番Op. 110、32番Op. 111。これで鹿児島のピアノ・ソナタ全八回が完了する。七月九日、東京文化会館大ホール「モーツァルトの夕べ」で17番K453、25番K503の協奏曲二曲をヴィエール合奏団指揮宇宿允人と。七月十五日から二十日まで鹿児島志布志等でG・ボッセ（ゲヴァントハウス・コンツェルトマイスター）と五回「ヴァイオリン・ソナタの夕べ」を弾く。曲目はバッハのソナタ2番、「無伴奏ソナタ」4番、モーツァルトのソナタ40番K454、ベートーヴェンのソナタ「春」。

この年一九七六年八月九日、父の受賞した鳥居賞受賞記念の会は父の講演と受賞者の演奏から成る。バリトンの栗林さんが父と同時受賞となって私まで引っ張り出してもらうことになったらしい。栗林さんは私より比奈子と仲が良かった。父のベートーヴェン研究は彼が音楽評論の仕事を始めた頃からずっと温め抜いた材料を全三巻にまとめて書き上げた力作だった。どんな形でいつ書いていたのか、私たちはまったくと言って良いほどその姿を目にしていなかった。何度か資

1976年の鳥居賞のお祝いの会で小塩節先生ご夫妻と

料集めを手伝わせてもらっていたが、おそらく原稿は一気に集中して短期間のうちに書き上げたのではないかと推察する。その間すべての他の仕事を休んで書いては、翌日の予定まで立てて、書いた原稿は丁寧に耐火金庫にしまってから寝たらしい。確か後輩の大木正興先生が火事に遭われて大切な原稿が消失してしまい、大きな損害を被られた話に用心して、まさかのことにならないためにこんなことまでしたのかと思う。でもこの仕事全体は父の体には相当なダメージを与えてしまったのではないかと思う。

十月、東京と高崎で労音ベート

ーヴェン・ピアノ・ソナタシリーズとして二回リサイタル。その後、ブラティスラヴァでスロヴァキア・フィル、指揮ライターでモーツァルトの協奏曲25番 K503を弾いている。十一月九日、十日の二回ポスターとプログラムも残っているのだが、このためだけに出かけたのも少し不思議。よく調べるつもりだが、いまさら手段なし。

一九七〇年、ベートーヴェン生誕二〇〇年には父は私のために何回も講演をしてくれたが、この一九七七年のベートーヴェン没後一五〇年の年には自分は出てこないでプログラムの曲目解説だけにとどめた。つまり一九七〇年生誕二〇〇年の年にお父さんの講演の前にテーマだけ弾いたのではないか、と言われた馬鹿げた冷やかしを繰り返さないためにという父の配慮だったのかと思う。その他に一九七七年には労音その他の鑑賞団体または地域の新聞社等の企画でいろいろな都市で合計三二回ベートーヴェンのソナタの組合せを弾いている。そのなかでも、思い出が深かったのに米子と鳥取の会がある。父が講演を引き受けてくれて一緒に祖父銀蔵さんの故郷鳥取に行く。父の東大新人会時代の友、浅沼喜実さんとお会いする。新人会の伯父様方にはとても魅力的な方が多い。背筋のしゃんと伸びた切れ味の鋭い方々がいられた。浅沼さんはあの頃、レストランも経営されていてそのお店で父と一緒に愉しく食事をさせて頂いた。その時ちょっとだけ気になる話があった。「あと何年活動できるのか」という話が持ち上がった時に、浅沼さんが「三年くらいかな」と言われた。私は実はハッとした。なんでそんなに短いの！　と。父も浅沼さんもお二人ともこんなに元気なのに。

数年後、不幸にもこの予測がだいたい当たってしまうことになる。

銀蔵おじいさんの出身地の八頭郡川原町の近くでも地元の方々の歓迎のお食事会があり、父と祖父が泳いだことがあるという川で取れた鮎のお刺身が出る。淡水魚のお刺身にはときどき寄生虫がいると耳にしていたので、私は内心おっかなびっくり。でもせっかくのご馳走に箸をつけないわけにはいかない。こわごわ手を出す。なんとも申し訳ない話。市の重要文化財となっている有名な仁風閣も見学した。あそこで小さな音楽会をやったらとても素敵だと思った。大ホールばかりでなく、日常的な少し小さめでも良い内容の会ができる小さな会場はとても興味を引かれる。例えば横浜のイギリス館のようにこの仁風閣も使えたら素晴らしいのに。

自主公演で東京のＡＢＣ会館ホールで作品年代順でベートーヴェン・ピアノ・ソナタ全曲の連続演奏会をした。東京ＡＢＣ会館はピアノがヤマハだったが、良しとした。我が家のスタインウェイはコンサートグランドより一つ小さいサイズだったが、念のために運んでみたが、やはりそれを使うのは無理、涙を飲む。ＡＢＣ会館の持ち主さん曰く、日本の楽器も素晴らしく良くなっているので我館ではヤマハを使うとのこと。そこまで良くなれば日本のホールとしての意地を見せて国産のピアノを使うのは当たり前でしかも当然なことかも知れないが、残念だが、まだ少しだけ不足するのだ。確かにリヒテルがヤマハを気に入って使っているのは聞いていたが、曲目によってはヤマハも有りだと思う。モーツァルトの協奏曲ならいけると思うがベートーヴェンのソナタとなると少し残念だが、やはりスタインウェイが欲しいところ。でもできないことは仕方がない。本当は楽器云々を言う前に弾く方の腕と覚悟が必要となるのだ。与えられた材料をフルに生かしてそのなかで最上の物を生み出していくのが演奏家たるものの立場と考えることにする。でもこれは少し痩せ我慢でもあるが、正しいと考え、そう思うようにした。時には理想的な条件が揃わないところでもそれを逆手に取って、その条件のもとで戦う姿勢がより良い状態を作り出すことにもなり、表現力が強まることもけっこうある。つまり、呑気に幸せな気分でステージに上がることが良い演奏に繋がるとは限らない。むしろ反対に悪い条件を跳ね除けて好条件を生み出そうとする時に、もっとましな表現力も生まれるらしいことも悟る。一生懸命やって、なんとかこのシリーズも完結させたが、どんな演奏をしたのか未だにその記録を聴き直す時間がない。だいたい満足することは有り得ないし、自分の足りなさに忸怩たる思いをするに決まっているので、記録を聴き直す勇気がないのが本音だ。

一九七七年一月から十二月までの間に、労音その他音楽鑑賞団体、新聞社主催など合計三二回の音楽会は、ベートーヴェンのいろいろな組み合わせのプログラムで、函館、小樽、札幌、室蘭、深川、江差、岩内、瀧川、京都、名古屋、大阪、四日市、姫路、山口、徳山、日田、日向、延岡、小田原、茅ヶ崎、平塚、浜松、横浜、金沢、小松、富山、高岡、米子、鳥取、白河、甲府、川越。

その他に八月十六日山形、十七日米沢で山形交響楽団、指揮村川千秋でベートーヴェンの協奏曲5番を弾いている。九月十四日、日本放送公開録音で「ベートーヴェン没後一五〇年記念」があった。ソナタ「悲愴」「月光」「熱情」(三大ソナタ)を弾く。

ベートーヴェンに明け暮れた一九七七年も終わり、翌一九七八年はシューベルト記念の年となる。比奈子と組んでずいぶん多くの記念ジョイント・リサイタルもやった。二月、釧路でリサイタル。曲目はシューベルトの「四つの即興曲」Op. 90、ベートーヴェン「ディアベリ変奏曲」Op. 120、プロコフィエフのソナタ4番。三月七日、大宮はジョイント・コンサートを大宮市民会館ホールで。曲目はシューベルト四つの即興曲 Op. 90、「楽興の時」より。ソプラノ独唱「冬の夜」、「ます」「笑いと涙」、「糸を紡ぐグレートヒェン」、「水の上に歌う」、「アヴェ・マリア」、「音楽に寄せて」、「愛は至るところ」、「若き尼僧」、「ミニヨンの歌」、「ズライカI・II」。その他四月十三日熊本、十四日玉名でリサイタル。曲目はベートーヴェンの「ディアベリ変奏曲」Op. 120、ショパンの「舟唄」「幻想曲」、「夜想曲」Op. 48-1、「スケルツォ」4番。五月にかけて姫路、赤平、帯広、小松、八雲、函館、江差。曲目はシューベルトの「即興曲」より No. 1, 2, 3、「ガニメート」、「春の想い」、「ます」、「糸を紡ぐグレートヒェン」、「水の上に歌える」、「アヴェ・マリア」、「音楽に寄せて」、「ズライカI・II」、「楽興の時」Op. 90 より No. 1, 2, 3。六月二十二日に東京の日本教育会館ホールでリサイタル。曲目はベートーヴェンの「ディアベリ変奏曲」、ショパンの「舟唄」、「幻想即興曲」、「夜想曲」Op. 48-1、「スケルツォ」4番。千葉労音の主催でも六月二日、千葉教育会館でベートーヴェンのソナタ5番 Op. 10-1、「葬送」、18番 Op. 31-3、「ワルトシュタイン」。二十日、千葉文化会館で曲目はベートーヴェンの「ディアベリ変奏曲」、ソナタ13 Op. 27-1 番、「月光」。七月二十日、同じく千葉文化会館でベートーヴェンのソナタ「告別」、28番Op. 101、10番Op. 14-2、「熱情」。九月十四日、四日市の都ホテルでシューマンのソナタOp. 22、ブラームスの「ヘンデル変奏曲」、ラヴェルの「夜のガスパール」。その後、気仙沼、鳥取、米子、上野で比奈子とジョイント・リサイタルをしている。気仙沼に関しては比奈子が卒業した小学校の恩師の大森一枝先生の文章が六月十八日付という記録で残っている。好意溢れる記事を三陸新報に寄せて下さっている。六月十八日付という日付は常識的に考えれば音楽会はたぶんその後の六月末か七月中頃までに行なわれている可能性が高い。残念にもこの公演のプログラムが見つけられないので、日付が特定できない。でも気仙沼に両親共に行き、昔の友人親類とも旧交を温めた良い思い出を残した記憶が頭には残っているのだ。

十月に渡欧。十月十一日、イエナでリサイタル。曲目はメンデルスゾーンの「前奏曲とフーガ」Op. 35-1、ブラームスの「ヘンデル変奏曲」、宍戸睦郎の「ダンス組曲」より二曲、ラヴェルの「夜のガスパール」。十三日、ベルリン・ゴリキー劇場でのベルリン音楽祭で同じ曲目でリサイタル。その後、宍戸睦郎の2番の協奏曲の再演が十月二十七日、シュウェリンでシュターツカペレと演奏される。三十日、アルテンブルクでランデスカペレとゾンマーの指揮でショパンの協奏曲1番、十一月三日、四日、ドレスデンでドレスデン・フィルハーモニーと指揮ウインクラーでグリークの協奏曲。その後、ソ連に行く。十一月十二日レニングラード、十四日タルトゥ、十六日ヴィルニュス、二十一日キエフでリサイタル。中身はシューマンのソナタOp. 22、シューベルトの「即興曲」Op. 90の四曲、宍戸睦郎の「ダンス組曲」より二曲、ラヴェルの「夜のガルパール」。

その後、帰国。比奈子とジョイント・リサイタルを日立、鹿児島で二回、枕崎、種子島、川内で。プログラムはシューベルトの「即興曲」Op. 90の四曲、「楽興の時より」No. 1, 2, 3、「ガニメート」、「春の想い」、「ます」、「糸を紡ぐグレートヒェン」、「水の上に歌える」、「音楽に寄せて」、「ズライカ」I・II。

この時びっくりした思い出がある。種子島の高校で比奈子とジョイント・コンサートをした時のこと。「皆さん、静かに聴いてください」とのアナウンスに生徒さんたちは身じろぎもせずに聴いてくれた。終わってびっくり。ただの一人も拍手すらしない。舞台裏に引っ込んで比奈子と顔を見合わせる。これはとんでもなく、気に入られなかったか！　生まれてこの方、こんな思いをすることは一度もなかっただけになんとも大ショック。私たち以上にびっくりした司会者が舞台に出て、「皆さん、盛大に拍手して下さい」と言ったとたんに今度は割れんばかりの大拍手。これには二度びっくり。つまり静かに聴いて下さい、ということは終わっても静かにしていなければいけないかと、気を使って手を叩かなかったくらい従順な生徒さんたちだったことに三度目のびっくり。これは一生に一度のハプニングだったと思う。でも幸せな終わり方に喜んだ。

いろいろの出来事は以前にもなかったわけではない。日本では田舎の町でもピアノの状態は悪くはなかった。一度東独の小さな町で相当な目に遭ったことを思い出す。どこの町だったか忘れたがオーケストラとの協演でたぶんベートーヴェンの協奏曲1番だったか、モーツァルトの何かの協奏曲だったか、とにかく途中でピアノの鍵盤が上がってこなくなって、弾いたあとくっついたままの状態。仕方ないから、オケの伴奏が入ってくる間に鍵盤を持ち上げてなんとか弾く。こんなこと、後にも先にも絶対になかったことだけに驚きを越しておかしくて笑い出しながら、くっついた鍵盤を持ち上げながら、とにかく終わりまで弾いた。お客も驚いたことだろう。でも音楽会に来たのにせっかくの協奏曲が演奏されなくなったら、さぞガッカリすることと思い最後までなんとか弾いた。後でこんな時には演奏を断ってくれても良かった、と現地のマネージャーに言われたが私としてはなんとしてでも弾く約束を反故にしないことを選んだのだ。日本での大先輩のお話を耳にしたことがあった。たぶん、兼松姉妹とか富永るり子さんか、もしかしてもっと年上の人だったのか。何でも演奏してくれと言って通された座敷には三本足のないグランドピアノの胴体のみがでんと据え置かれていて、その前にちょこんと座布団が置いてあったという。奇想天外の状態で演奏を頼まれた方がどうされたかは、伺っていない。たぶんこの状態では演奏は絶対無理だと推察される。

十二月十九日、赤穂でリサイタル。モーツァルトのソナタ K331「トルコ行進曲付きのソナタ」、ベートーヴェンのソナタ「悲愴」、「熱情」。

翌年一九七九年、四月二十三日、秩父でリサイタル。モーツァルトの「幻想曲」ニ短調、シューマンの「幻想曲」Op. 17、ショパンの「二四の前奏曲」。五月十四日八雲、十五日今金でリサイタル。ヘンデルの「調子のいい鍛冶屋」、モーツァルトの「トルコ行進曲」、メンデルスゾーンの「春の歌」「紡ぎ歌」、ドビュッシーの「雨の庭」「亜麻色の髪の乙女」、ショパンの「練習曲」Op. 10より五曲、Op. 25より三曲、「二四の前奏曲」全曲を弾いている。十月に入り、鉾田で比奈子とジョイント・コンサートを行なう。ショパンの「前奏曲」Op. 28より1, 4, 5, 8, 11, 12, 15, 16, 17, 18, 19, 20, 23, 24、ソプラノ独唱でメンデルスゾーンの「月」、「新しい愛」、「気に入った場所」、「歌の翼に」。シューマンの「幻想曲」Op. 17、シューマンのソプラノ独唱で「献呈」「雪割草」「君は花の如く」「蓮の花」「くるみの木」。十一月七日、日本教育会館ホールでリサイタル。モーツァルトの「幻想曲」ニ短調、シューマンの「幻想曲」、ショパンの「二四の前奏曲」。上野(紀伊半島の忍者で知られている町)でも比奈子とジョイント・リサイタル。ショパンの「二四の前奏曲」より抜粋、メンデルスゾーンの「月」「新しい愛」「気に入った場所」「歌の翼に」、シューマンの「幻想曲」。シューマンの「献呈」「雪割草」「君は花の如く」「蓮の花」「くるみの木」。

その後、ルーマニアに行く。十一月十九日、ブラショフでブラショフ・フィルハーモニーと指揮スバルセアでモーツァルトの協奏曲16番 K451、二十三日、イヤシーでモルドヴァ・フィルハーモニーと指揮ジョルジェスク、十二月一日、クルージュでクルージュ・フィルハーモニーと指揮イーリエフでも同じ曲を弾く。三日、オラデアでオラデア・フィルハーモニーと指揮ラッツィウでラフマニノフの協奏曲2番を弾く。ラフマニノフの協奏曲2番には思い出がある。一九五一年、パリに行ってからすぐに入ったカトリックの尼さんの経営する宿舎でもらった一室は広いが日陰で薄暗い陰気な部屋で困った。特に隣の部屋のピアニストが長時間ラフマニノフ協奏曲2番のメロディーの気に入った場所だけをくどくどと弾くのだ。もっとちゃんとさらえと怒鳴りたくなる。センチなメロディーを何度も弾かれて頭に来たが、やめてくれと言うわけにはいかない。それでこの曲が大嫌いになる。でも、ロシア物をレペルトアールに入れるのには避けて通れない曲なので後になって、しっかり練習することにした。真面目に取り組めば良い曲ではある。大嫌いになったメロディーも弾き方によっては別にも響く。もっていないと困る協奏曲なのでフリエール先生にも一度聴いて頂いた。でも、どうしてあの曲はピアノのパートがオケにあんなに埋もれてしまうのか。未だに理解できないでいる。大家たちの演奏を聴いてもピアノは埋もれるように響く。作曲家で同時に素晴らしいピアニストで指揮もしたラフマニノフがどうしてあんなに埋もれてしまうピアノのパートにしたのか、理解できないのは私がおかしいのか。それとも、ピアノが突出しないのが目的なのかと思うことにした。オラデアではそんなわけで問題を抱えながらも一生懸命ラフマニノフの2番をなんとかまともに弾けるところまでこぎつけた。後にラフマニノフのパガニーニ狂詩曲はあっちこっちから頼まれてずいぶん何回も弾いている。この曲の初演は確かフリエール先生だったと聞いている。先生は「あれを弾く時には腕の良い指揮者を選べよ」と助言を頂いた。でも私の立場で指揮者を選べるほど偉くないのでこれは毎度、主催者にお任せ。でも一度もトラブルなくうまくいっている。

その後、日本に戻る。十二月十二日に東京の豊島区民センターで「ベートーヴェンのピアノ・ソナタの夕べ」で、ソナタ5番 Op. 10-1、18番 Op. 31-3、「告別」、32番 Op. 111 を弾く。一九八

○年三月二十一日、加古川市民会館小ホールでリサイタル。バッハの「パルティータ」1番、ベートーヴェンのソナタ「月光」、ショパンのOp. 10から「一二の練習曲」全曲、「二五の練習曲」全曲、「幻想ポロネーズ」。五月二十日、東京女子大講堂でリサイタル。メンデルスゾーンの「無言歌」よりOp. 19-1、シューマンの「幻想曲」Op. 17、ショパンの「練習曲」Op. 10より九曲、Op. 25より七曲。六月二日、箕面でヴィエール・フィルハーモニーと指揮宇宿允人でモーツァルトのピアノ協奏曲12番K414。十三日、東京文化会館小ホールで「モーツァルト・ピアノ・コンチェルトの夕べ」でヴィエール・フィルハーモニーと指揮宇宿允人で9番K271、12番K414、14番K449を弾いている。八月二十日、伊東市観光会館ホールで「ショパンの夕べ」リサイタル。「幻想ポロネーズ」、「夜想曲」Op. 15-1、「ワルツ」Op. 42、Op. 10と25の「練習曲」より四曲。

その後、東独に行く。十一月二十日、フランクフルト／O、指揮ボーテでフランクフルト劇場フィルハーモニー・オーケストラと宍戸睦郎の協奏曲2番を再演。十一月十六日ミットワイダー、十七日アンナベルク、十八日ノイハウゼン、二十三日エバースドルフ、二十六日マグデブルグ、二十七日ローベンシュタイン、二十八日シュライツでリサイタルを行なう。メンデルスゾーンの「無言歌」よりOp. 19-1、Op. 19-5、シューマンの「幻想曲」Op. 17、佐藤俊直の「ピアノ淡彩画帳」より三曲、ドビュッシーの「ピアノのために」より「サラバンド」、「トッカータ」、ショパンの「幻想ポロネーズ」、「夜想曲」Op. 15-1。

十二月一日、二日、ベルリンのメトロポル劇場でベルリン交響楽団を指揮ヘルビッヒで宍戸睦

1980年12月、ベルリン交響楽団と宍戸睦郎の協奏曲2番のベルリン再演の楽屋で。左から宍戸、著者、ギュンター・ヘルビッヒ

郎の「協奏曲」2番の再演。三日は同じ編成でフォルクスビューネ「青少年のための音楽会」で弾く。

ベルリンのあとソ連に行く。七日リガ、十二日ターリン、十四日レニングラード、十六日ミンスクでリサイタル。プログラムはメンデルスゾーンの「無言歌」よりOp. 19-1、Op. 19-5、シューマンの「幻想曲」Op. 17、佐藤俊直の「ピアノ淡彩画帳」より三曲、ドビュッシーの「ピアノのために」より「サラバンド」、「トッカータ」、ショパンの「幻想ポロネーズ」、「夜想曲」Op. 15-1。その間に十二月九日カルナス、十日ヴィルニュスでヴィルニュス・フィルハーモニー・オーケストラ、指揮デュヴァリオナイテでモーツァルトの協奏曲12番K414を演奏。

8　父の死とまだまだ続く藪入り

一九八〇年春頃、心配事が起きた。父の身体の調子が狂い出す。二、三年前に鳥取で心配したことが現実になった。あの時代はガンはとにかく不死の病でお医者様からは本人には絶対に告げてはいけないと言われていた。手術に望みをかけたが、場所が危険なところで不可能とされてしまう。それでも進行は遅いので少しでも良い状態を保つことになる。父には良いお医者様の相談役の望月先生がいて下さった。その先生はドイツ文学の小塩節先生の松本高校時代の親友である。当時母がラジオ番組の小塩節先生が担当しているドイツ語講座を聴いてとても素晴らしいと感動して、父に頼んで連絡をしてお付き合いが始まった。望月先生は素晴らしい先生だが、少し変わった方と言わざるを得ない。なんでも友人のドクターを支援して論文を仕上げるのに協力している間に自分の時間がなくなり、御自分の博士号は取っていないという方だそうだ。そんなちょっと変わった方に父はすっかり同調して全信頼をかけていた。そのころ駒込病院の病理科におられた望月先生は時間があれば顕微鏡を見て研究に没頭されているような方だった。外科にはそのころ、片柳先生という腕利きの先生がおられて、私たちはもしかして手術ができないか期待したが、やはりとても危険な場所で手術はできないとのことだった。病院の帰り道で比奈子と泣きながら飯田橋の駅から外堀通りを市ヶ谷に向かって歩いた。どうしても母には泣き顔を見せたくないので涙をなんとか拭いながら家に入った。父は幸い、痛みはないまま身体が段々に弱っていった。それでもときどき頼まれる原稿は書いたし、電話での仕事上の話もできた。

ちょうど一九八〇年から家の近くのルーテルセンターのホールで始めた私たちの生徒さんたちの勉強会「弥生の会」第一回にも父は顔を出してくれた。若い人たちの成長に父も少なからず加担してくれたのだった。私たちもおさらい会はそれまでやったことはなかったが、年に一度の会をやることにしてその後、四〇回近くまで続くことになる。弥生子のピアノのクラスと比奈子の歌のクラスと合同で賑やかにいろいろの曲目が並んだ。もちろん私たち自身はこの日は演奏しない。終わってから家が近いのがありがたかった。ぞろぞろ歩いて家まで来てもらい盛大に打ち上げパーティーをやった。裏方は当日めちゃくちゃ忙しかった。だいたい前日から前々日に下準備をして時には二〇人近いお客様のご馳走の用意をする。我が家の風習では宴会は自宅でするものなので、こんなやり方も別に苦にならないで愉しくやっていた。父はだいたい昔から友達を連れて来て家で宴会をやるのが常だったので、私たちもそれが当たり前のことだと思って実行していた。午前中、会場練習を比奈子と二人で分けて受け持ち、練習を見ながら自宅に戻っては夜の会の用意をしてぎりぎり開演に間に合わせ、ルーテルセンターまで行き、みんなの演奏を聴く。その後、家に集まり宴会が始まる。生徒たちがみんな引き揚げた夜中に私、比奈子と二人で皿洗い。

それを苦にもせずにやっていた。若さに乾杯。

一九八一年五月二十日、睦美会の主催でリサイタル。曲目はメンデルスゾーンの「前奏曲とフーガ」Op. 35-1、シューマンの「交響的練習曲」(遺作五曲を含む)、佐藤俊直の「淡彩画帳」より五曲、プロコフィエフのソナタ4番。六月二十七日、横浜湘南台ミュージックセンターで同じプログラムを弾く。七月十日、文化会館小ホールでメンデルスゾーンの「前奏曲とフーガ」、シューマンの「交響的練習曲」(遺作五曲を含む)、佐藤俊直の「淡彩画帳」より五曲、プロコフィエフのソナタ4番。

その後、十二月にチェコスロヴァキアに演奏旅行に行く。十二月九日、ブラチスラヴァ、十日、ピエシュウタニーでスロヴァキア・フィルと指揮レジューハでショパンの協奏曲1番を弾いている。ウスティナドラベムでリサイタル。曲目はメンデルスゾーンの「前奏曲とフーガ」、シューマンの「交響的練習曲」(遺作五曲を含む)、佐藤俊直の「淡彩画帳」より五曲、ショパンの「夜想曲」Op. 15-1、「幻想ポロネーズ」。年末に日本に帰っている。

一九八二年六月五日、横浜磯子公会堂でショパンのOp. 10とOp. 25の「練習曲」全曲、「三つの練習曲」(遺作から)。六月二十三日、イイノホール、ショパン協会九四回例会でショパンの練習曲全曲と遺作三曲を含めて全二七曲弾いている。この日、父は会に来てくれるつもりで甥の春夫が車椅子を積んでイイノホールまで付き添ってくれることになった。でも、土壇場でやはり具合が良くないので行けなくなった。比奈子が父に付き添って留守番してくれることになる。後ろ髪を引かれる思いで家を後にする。イイノホールは実を言うと、私自身あまり好きでない。文化会館小ホールより音響が響きにくくて弾きにくい。本音を言えば文化会館小ホールでこの曲目は弾きたかった。特にショパンの練習曲はピアノの音響が大事。例えばベートーヴェンのソナタならむしろ楽器に左右されないのでどこのホールでも良いと思う。しかし、せっかくのショパン協会の好意で実現したこの会の会場を勝手に変更はできない。

この会のあと、二週間ほど後に父は入院してしまうことになった。最悪の夏が始まる。ただ一つ幸いだったのは学校の夏休みが始まってくれたことだ。比奈子と交代で毎晩、駒込病院に泊まった。個室のベッドの脇に簡易ベッドの小さな台を置いてその上に寝て夜中の父を見守った。母にはこんな状態を絶対に経験させたくなかったので、私と比奈子が代わる代わる一晩おきに家と病院を行き来した。この夏は冷夏でせめてそれで助かったと言える。暑かったらもっとずっと疲れたと思う。看護婦さんはみんなとても親切で協力的だった。部屋の小さな冷蔵庫にそっと一番小型の缶ビールを忍ばせていた。秋の東独とチェコスロヴァキアの演奏旅行は断りたくないので実行することにする。となると、夏のうちに練習もしないわけにはいかない。父は入院して数日のうちになにも話せなくなってしまった。とても小さな声で何かを言っているが聞こえない。なんとか理解したいので焦るがどうやっても聞こえない。どんなに苦しいだろうかと心配するが、幸いかどうか、痛いらしい素振りがなかったのがせめての慰めと言いたい。望月先生はしばしば顔を見せて下さっていた。常任の室先生の他にお名前を忘れてしまったがもう一人、特にガン専門の先生が付いていて下さったが、病状はもう好転するところではなかった。病院はどこでもそうなのだが、三ヶ月入院すると、出なければならない規則があり、その日が刻々と迫ってくる。こんな時なんとかできないものなのか。しかし、まるでそれが聞こえたかのように九月十四日の昼過ぎに父は逝ってしまう。銀一伯父を始め、父の兄弟がみんな来て下さった。銀五郎叔父も少し遅ればせながら、鹿児島から駆けつけて下さった。私たちは悲しむ間もないほど忙しかった。父に言われていた通り、まず新聞社各社に訃報を伝える。その後、お葬式はするなということなので代わりに後日「偲ぶ会」をするための会場を押さえた。確か、九月二十四日頃だったと思う。家に帰りたい、と始終言っていたことから昔住んでいた九段四丁目の焼け跡の隣に建てられたYWCAの東京支部があったので、そこのホールを予約。望月先生から大きなお花が届く。小塩先生もすぐ来てくださって、「偲ぶ会」の司会役を引き受けて下さった。いつも録音をお願いしている相沢さんが音楽の方を担当して下さってベートーヴェンの弦楽四重奏から数曲を用意して下さった。母はこの「忍ぶ会」でどんなに慰められたことか。特に小塩先生の司会には感謝してもしきれない。大木正興先生から「神も仏からの助けも借りないで一人でとぼとぼとベートーヴェンのところに歩いて行ってしまった」というお言葉を頂いたことも心に残る。母をなんとか慰めるために比奈子が三郎叔父、六郎叔父、七郎叔父と一緒に山の旅行の計画をした。富山の黒部ダムのあたりに行ったようだった。私は残念だったが、ピアノをさらわないと間に合わないので家に残る。

九月に姫路の近く西脇と淡路島の洲本でリサイタルがあった。曲目はだいたいその前に東京で弾いているものと同じ曲を演奏する。十一月に東独とチェコスロヴァキアに行く。どうやって間に合わせたか覚えていないが、演奏旅行にとにかく出発する。夢の中で父が「コペンハーゲンで会おう」と言ったので、もしかして飛行機が落ちないかと余計な心配をする。ひと昔前には東京とヨーロッパの往復はよくコペンハーゲン経由の飛行機を使っていたため、それがゆめに出てきたのか、と思う。

一九八二年の最初の東独はマグデブルクで劇場オーケストラ、指揮ヴァンベックとチャイコフスキーの協奏曲1番を弾く。三回協演して気心は知れているが、初日の練習の時は疲れが出て、良くない演奏にがっくり。よりによって長くて体力的にも重たいチャイコフスキーの曲が演奏旅行のとっぱなにきたことにかなりガタガタする。気を取り直してなんとか本番には漕ぎ着けたが、どう見てもそんなに良い出来とは言えなかった。その次は十一月二十三日にライプチヒのラジオ・オーケストラと指揮ハウスシルドで、松平頼則の「主題と変奏」とモーツァルトの24番K491の協奏曲を弾く。時差ボケも少しずつ解消してなんとか気力も体力も戻るが、それにしても父の死は重くのしかかってきた。聖トーマス教会の近くを通ったので誘われるように中に入った。ステンドグラスを通して美しい光が差し込む。たまらなく悲しくなって思わず泣いた。しばらく動けなかったが、気を取り直して外に出る。十一月二十五日、イエナでイエナ・フィルハーモニーと、十一月二十七日二十八日、ドレスデンではドレスデン・フィルハーモニーと指揮ゲルギエフとモーツァルト24番の協奏曲を二回弾く。十一月三十日、フクイベルクでリサイタル。メンデルスゾーンの「前奏曲とフーガ」、シューマンの「交響的練習曲」、佐藤俊直の「淡彩画帳」より四曲、ショパンの「夜想曲」Op. 9-2、「ワルツ遺作」、「バラード」1番。その後、チェコスロヴァキアに行く。十二月九日、ピルゼンでリサイタル。プログラムは前回と同じもの。十二月十三日、プラハのラジオ・オーケストラと指揮プルンチッジでモーツァルトの協奏曲24番、十五日ジリナ、十六日コマルノ、十七日ノーヴェザムキでジリナ室内オーケストラと指揮レジユハと24番を合計三回弾く。年末に帰国する。

母を慰めるため、親友のいるロサンゼルスに旅立たせる。宮城女学校の同窓生で仲の良い女友達がご主人が牧師さんで戦前からロサンゼルスの教会で仕事をしておられた。戦後の物資のない時代には小包でいろいろなものを送って下さった。お子様方の衣類やお菓子、食物など。あの頃のひどい生活がそのお陰でずいぶん潤っていたのだった。その菊池牧師夫妻は戦争中はアメリカで監禁されて相当辛い思いもされていたらしい。お子さんたちは私たちより年上でアメリカ生まれなので日本語はほとんどだめ。私たちは母が英語が上手なのが逆にマイナス効果で英語がダメ。何故と言って間違いをひどく怒られていたので、英語がすっかり嫌いになってしまったのだ。本当はもっと習っておけばよかったのに親子ともなると、どうやら師弟関係はなくなってしまうらしい。だから反動で私はフランス語、ドイツ語、比奈子はイタリア語の学習に熱を入れた。その点、母は凄かった。専門外のフランス語、ドイツ語でも文章の間違いなど即座に見つけてくれた。

言葉への勘が人並み外れてすごかったのだと思う。それに専門外のフランス語、ドイツ語もNHKの外国語講座を聴いてだいぶ知識を広げていたのだった。（前にも述べた小塩先生がドイツ語のそれを担当されていた。）父の原稿も清書はほとんど彼女の役目で、その際にいろいろ意見を述べるので、父はよく母のことを「検閲官」と言ってありがたいのに半分文句を言って「俺の原稿を骨抜きにしやがって、すっかりつまらなくした」と言ったりすることもあった。でもそんなことを言うなら、清書を自分ですべきでしょうに。菊池ご一家とはそんな具合でお子様と我々世代は言葉の壁で残念ながら繋がらなくなってしまった。

辛い一九八二年も東独とチェコスロヴァキアの演奏をなんとか無事に終えて東京に戻り、母もだいぶ元気を取り戻して菊池牧師一家のところから東京に戻った。

一九八三年五月三十日には東京睦美会主催でリサイタル。曲目はシューマンの「アベッグ変奏曲」、「クライスレリアーナ」、ショパンの「バラード」全四曲。六月四日は京都に行き府立文化芸術会館で同じシューマンとショパンのプログラムでリサイタル。七月二十八日、川崎中原会館でショパンの練習曲全二七曲。十一月、東京文化会館小ホールでリサイタル。シューマンの「アベッグ変奏曲」、「クライスレリアーナ」、ショパンの「バラード」全四曲。

一九八四年二月二十七日に川越市民会館でリサイタル。シューマンの「蝶々」、「ダビット同盟舞曲」、ショパンの「スケルツォ」全四曲。その後、北海道労音が「山根銀二先生を偲ぶ音楽の夕べ」を催してくれる。二月六日函館市民会館小ホール、二月八日室蘭、二月九日札幌教育文化会館、ベートーヴェンのソナタ「月光」、「熱情」、シューマンの「ダビット同盟舞曲」、ショパンの「スケルツォ」2番、3番が函館、札幌。室蘭は比奈子とジョイント・コンサート。ベートーヴェンのソナタ「月光」、「熱情」、シューベルトの歌曲から「笑いと涙」「ます」「ガニメート」「紡ぎ車のグレートヒェン」「春の思い」「アヴェ・マリア」「音楽に寄す」、ショパンの「スケルツォ」2番、R・シュトラウスの歌曲「明日」「悪い天気」「セレナード」。四月に中国音楽家協会の招きで比奈子と母と三人で中国へ行く。四月二十一日夜に北京に着く。翌二十二日に比奈子がフルート奏者との合せを行なう。

夜に呂驥先生（中国音楽家協会主席）が歓迎会を催して下さる。北京の有名な北京ダックのお店に行った。二十三日、北京の海淀劇場で、二人のジョイントの会があった。曲目はベートーヴェンのソナタ「月光」、シューマンの「蝶々」、歌曲は同じシューマンの「献呈」「くるみの木」「雪割草」「月の夜」「ことづて」、ショパンの練習曲「別れの曲」Op. 10-3、「革命」Op. 10-12、深井史郎の「日本の笛」。翌二十四日、北京国際クラブでピアノ・リサイタル。曲目はベートーヴェンのソナタ「悲愴」、「熱情」、ショパンの「バラード」1番、夜想曲 Op. 9-2、スケルツォ2番、宍戸睦郎の「アダージオ」と「トッカータ」。二十五日、北京中央音楽院ホールでは比奈子の歌曲のリサイタル。シューベルトの歌曲「笑いと涙」「ます」「ガニメート」「紡ぎ車のグレートヒェン」「春の思い」「アヴェ・マリア」「音楽に寄す」、シューマンの歌曲「献呈」「くるみの木」「雪割草」「月の夜」「ことづて」、R・シュトラウスの歌曲「天気」「セレナード」、中田喜直の「六つの子供の歌」、深井史郎の「日本の笛」（フルート助奏付き）。二十五日から三日間は北京観光。五月一日、杭州でジョイント・リサイタル。ベートーヴェンのソナタ「月光」、シューマンの「パピオン」。比奈子は「献呈」「くるみの木」「雪割草」「月の夜」「ことづて」、弥生子のショパンの「練習曲」Op. 10-3、Op. 10-5、Op. 10-12、Op. 25から1と11、比奈子はシューベルトの歌曲「紬車のグレートヒェン」「春の思い」「ます」「音楽に寄す」。弥生子の独奏で中国の作曲家の老志誠「牧童の楽」「賀緑汀」「牧童短笛及び晩会」、呉祖強「人参舞」。歌曲、深井史郎の「日本の笛」、ピアノ独奏、牧野由多可の「二つの風景」。三日、上海の音楽院ホールでジョイント・リサイタルを同じプログラムで演奏。その後、五月五日、帰国。その時の中国の演奏旅行の記事を雑誌『音楽現代』一九八四年九月号に記載している。

「歴史の重さと人の暖かさと　中国演奏旅行を終えて」

四月二十一日、上海経由の中国民航で北京に到着。春の遅れていた今年の東京より北京はずっと暖かい。

中国音楽家協会の蘇楊氏、劉さん、通訳の銭さん等の出迎えを受けて二台の車に分乗、夜の北京を走る。土曜の夜だったので交通量は少なかったが、普通の日の昼間は大変な数の自転車が町並みを埋めるという。幅広い立派な道がいかにも大国の首都にふさわしい。

第一回目の音楽会は比奈子とのジョイントで、その曲目の一つが深井史郎の「日本の笛」フルート序奏付きなので、翌日は午後中央音楽院の教室でフルート合わせとなった。私たちの申し入れに三人のフルート科の生徒が練習してくれていたが、コンクールみたいで悪いので、どの方に決めるか人選はフルートの教授にお任せした。楽譜は前もって送ってあったのでなかなか要領よく合わせられた。

夜は音楽家協会の主催、呂驥先生が我々の歓迎宴を有名な北京ダックの店でして下さった。孫慎副主席、前日空港まで出迎えて下さった蘇楊書記処書記も見えて、なごやかな宴会となった。母は二八年前に父に同行して当時国交もなかった中国を音楽家としてはたぶん最初に訪れている。呂驥先生とはその年月を経た再会であった。翌日のジョイント・リサイタルは客席千余りの海淀劇場で夜七時から始まった。演奏した音が全部ピンピンと返ってくるような素晴らしい音響で、私たちも大いに張り切った。全部で五回あった今回の中国の音楽会の中でも特にこの会場はやり良かった。

北京大学にも近いこの地域には大学関係の聴衆も多いらしく、満員のお客様の反応も敏感だった。幾分ざわめいた会場も演奏が始まるとかなりの速さで落ち着いてくるのですぐに安心した。

曲目は弥生子独奏のベートーヴェンのソナタ「月光」、シューマンの「蝶々」、続いて比奈子独唱で同じくシューマンの「献呈」「くるみの木」「雪割草」「月の夜」「ことづて」等、休憩後ピアノでショパンの「練習曲」、牧野由多可の「日本古謡による二つの風景」、三人の中国作曲家、老志誠の「牧童の楽」、賀緑汀「牧童短笛」と「晩会」、呉祖強の「人参舞」など小品四曲、その後、比奈子独唱でフルート序奏付きの深井史郎の「日本の笛」で会を締めくくった。アンコールには比奈子が中国民謡を歌ってとてもうけた。初日の北京の会は評判良く上々の滑り出しとなった。次の日には弥生子独奏の会が国際クラブで開かれた。客席六〇〇くらいのホールで音楽家協会が心配したほど悪い音響ではなく十分気持ち良く弾けた。市の中央の良い場所でありながら、通常、国際関係の人しか出入りしない会場のため、一般の中国の人たちがあまり来なかったようで、前日より少し入りは少なかった。曲目はベートーヴェンのソナタ二曲「悲愴」と「熱情」、後半がショパンの二曲「バラード」「夜想曲」、宍戸睦郎の「アダージオ」と「トッカータ」、アンコールには呉祖強の「人参舞」。

その次の日には比奈子の独唱会が中央音楽院のホールで行なわれた。客席八〇〇のホールで、楽器ともに中国側が一番自信をもって用意した会場のようだった。曲目はシューベルト「笑いと涙」「ます」「つむぎ車のグレートヒェン」「ガニメート」「春への思い」「楽に寄す」、シューマンの「献呈」など五曲、休憩後R・シュトラウス「明日」「悪い天気」「セレナード」、中田喜直の「六つの子供の歌」それに深井史郎の「日本の笛」。雨がどしゃ降り、おまけに寒くて最悪の日だったが、満員のお客様のなかには中央音楽院の教授の方々も多く、歌の先生方は今夜の日本の作品の楽譜をぜひ送って欲しいと言われた。

音楽院長の作曲家、呉祖強先生も出張先から飛行機が遅れて飛行場からの直行で私たちの楽屋へ来て下さった。私が弾いた「人参舞」は彼のバレエからの抜粋なので、ぜひそのバレエ全曲を見たいと思ったが、ちょうど上演がひとわたり終わったところで残念だった。

休みなしに三晩続けての演奏はかなり大変だったが、熱心な聴衆との触れ合い、そして高齢の呂驥主席が三晩とも最初から最後まで聴いて下さった好意に、中国の音楽家の並々ならぬ友情を深く感じて感激した。

音楽会が済んでからの三日間は見物に明け暮れた。万里の長城はラッシュ並みに観光客が城壁にひしめき大変な混みようだったがやっと頂上まで登った。険しい山が連なる峰に延々と築かれた壁の壮大な景色には度肝を抜かれる。帰り道に十三陵へ寄る。大規模な地下の墓は皇帝の栄華を象徴するのだが、死後まで栄光を求めた人間の欲望の虚しさを感じてしまう。

故宮博物館の豪華な美しさ、構想の大きさにも圧倒された。ヨーロッパにもいろいろ美しい城はあっても、これほどの規模のものは見たこともない。頤和園の広大な人口湖は対岸がかすむほどの大きさ。天壇公演の素晴らしい建築の調和、とにかく時間が足りなくて短期間ではとても見物しきれない。日本の観光地ならさしずめこの中の一つが存在するだけで大騒ぎするだろう。歴史の重みが違う。文明の次元が違う。

三日間の観光はあっという間に終わって杭州に行く日が来た。出発前の昼に呂驥先生の送別の宴があった。一時間半ほど飛んで新緑の杭州に着いたのは夕方。その晩西湖のほとりの杭州飯店での歓迎宴は北京とはまた違った味の競演でもあった。日本の観光客の多いのが目立つ。翌朝は西湖を船で周り、午後はフルート合わせや買物で終わってしまう。次の日はメーデーで音楽会場は最初の予定の杭州飯店のホールより大きい多目的ホールに変更された。音楽のためのホールではないのと楽器にもかなり問題があったので、ジョイントの中身を少し変更して歌を多くした。そんなことは別にしてお客様はとても喜んでくれた。楽屋には著名な文学者、黄源先生も来て下さった。翌朝は早い汽車で上海に向かう。六人一組に仕切られたヨーロッパふうの車体で、しばらくすると私たち一行の横に初老の中国の乗客が乗り込んで来た。かなりの地位の人らしかった。そのうち銭さんと劉さんと三人で何やら大議論に熱中しだした。後で聞いたら、朝鮮の金日成の後継者問題で息子が後を継いでも親がいなくなった時点でダメになるだろうとの予測。中国でも毛沢東が後継者とした華国峰は毛沢東死後まもなく失脚したのと同じに権力の世襲は有り得ないという現実的な話で面白い。若い世代がこういう鋭い批評を堂々と外国人の前でも言える自由な空気が今の中国にあることを感心し頼もしく思った。

上海では背広にネクタイ姿の男性が目立って多くなった。北京では時間もなかったが、ここではぜひ音楽院も訪問してくれとのことで翌朝、上海音楽院を訪れた。副院長の周小燕女史の肝入りでピアノ科生徒二人と声楽科生徒二人が演奏を聴かせてくれた。ピアノでは一三、四歳の少女がとても良かった。技術も音楽性も非常にのびのびと自分の感じ方が素直に表わされ好感をもった。声楽は民族的発声で民族的作品を歌う科とヨーロッパ流の歌い方、ヨーロッパの音楽をやる部門が分かれていて、それぞれの部門から一人歌ってくれたが、私たちは特に民謡調の方の人を高く評価したい。

音楽院は作曲、演奏だけでなく楽器の製造や修理の部門まで併せもつ。国の広さからして地方の諸都市へ赴任する若先生たちには、楽器の修理が現実に必要となってくる。中国の伝統音楽部門と西洋音楽部門は音楽院に共存している。これが本来当たり前なのだと思った。

上海音楽院長で作曲家の賀緑汀先生は病気療養中にもかかわらず自宅で会って下さった。父とは昔からの友達でモスクワのコンクールでよく出会ったこと、プラハの春でも一緒になり父が時間があるごとにドイツ語の本を探して買い集めていたこと、軍歌の問題で議論したことなどを懐かしそうに話された。

上海音楽院ホールでのジョイント・リサイタルはこれまた雨降りで寒かった。中国でよくもこう雨にたたられたが、悪天候に反比例で音楽会の空気は暖かく盛り上がった。いま中国の音楽界も文化革命の空白をどんどん埋めて発展しつつある。遠くない将来に飛躍的に発展するのではなかろうか。あの熱意がそれを示していると思った。

六月十九日、洗足学園魚津短大、二十日、石川県立美術館ホールでリサイタル。曲目はシューマンの「蝶々」、Op. 6「ダヴィッド同盟舞曲」全四曲。

七月十日、東京文化会館小ホールでリサイタル。シューマンの「蝶々」、「ダヴィッド同盟舞曲」、ショパンの「スケルツォ」全四曲。十月十日、IMA草津の二階のホールでリサイタル。ベートーヴェンのソナタ15番「田園」、「アパショナータ」、モーツァルト幻想曲K396、シューマン幻想曲集より1番2番3番5番、ラヴェルの「パヴァーヌ」、「水の戯れ」、プロコフィエフの「前奏曲」、「ガヴォット」、「悪魔の暗示」。

一九八四年秋にチェコスロヴァキア演奏旅行。十一月十二日、バンスカ・ビストリツァでリサイタル。シューマンとショパンのプログラムで。ショパンの「バラード」「エコセーズ」「スケルツォ」2番、宍戸睦郎の「アダージオ」と「トッカータ」。十一月十三日十四日、ブラチスラヴァでサンサーンスの5番をラジオ・オーケストラ、指揮ツィンマーと演奏。東独に移動。二十一日プスネック、二十二日ザールフェルトでザールフェルト交響楽団と指揮クルムでシューマンの「ピアノ協奏曲」。二十四日、クロスターミハエルシュタインでリサイタル。シューマン、ショパン、宍戸睦郎のプログラム。その後、ベルリンで十一月二十九日、三十日、十二月一日にベルリン・シンフォニー・オーケストラと指揮K・ザンデルリンクでベートーヴェンの協奏曲2番。十二月三日ハルバーシュタット、四日プスネックでリサイタル。前にも弾いているシューマン、ショパン、宍戸睦郎のプログラム。その後、日本に帰る。

一九八五年三月十日、東京文化会館小ホールでターリッッヒ弦楽四重奏団とドヴォルジャークの

「ピアノ五重奏曲」を演奏。六月二十六日、東京文化会館小ホールで東京アカデミカー・アンサンブルと指揮朝妻文樹で「バッハ一族の協奏曲」という催しがあった。クリスチアン・バッハの「ト長調協奏曲」、W・F・バッハの「ハ短調協奏曲」日本初演、J・S・バッハの「へ短調協奏曲」、「ブランデンブルク協奏曲」5番を演奏する。大バッハの長男にあたるフリーデマン・バッハについてはいろいろ言われがあり、その時の音楽会のプログラムに文章を書いているので記載する。

「フリーデマン・バッハをめぐって」

フリーデマンの曲は良い曲なので一度手がけたいと思っていましたが、二台のピアノの譜しかなく総譜がどうしても見つからないので演奏を諦めていましたところ、たまたま去年の暮れ、西ベルリンの国立図書館で手書きの総譜があるという返事に急に話が現実化してきました。マイクロフィルムを待つこと三ヶ月。入手したフィルムを現像して腰が抜けそうにびっくりしたことには、同じハ短調でもまったく違う曲なのです。曲が良ければそちらに乗り換えるのも面白いでしょうが、冴えない様子なので、この方は演奏する気になりません。それこれまた探すうちに東独からやっとオリジナルの譜を入手し、数字付きバスを照屋正樹さんに総譜に復元して頂いたもので演奏します。そもそもこのフリーデマンの曲は主題が大バッハからの借用ではないかとか、大バッハの弟子のキルンベルガー原作らしいとか諸説が飛び交う問題の曲でもありあります。第一と第三楽章のしっかりした性格の主題は、いかにも大バッハを思い起こさせます。第二楽章がアンナ・マグダレーナのための小品集の中の二短調メヌエットに酷似していることも疑いを増す原因なのですが、協奏曲全体の書法は大バッハと違い、特にチェンバロの構成がいかにもフリーデマンです。また、ブライトコプフの一七六三年のカタログにこの曲がキルンベルガーとしてあげられていたり、いろいろ論文にも出てキルンベルガー原作説が、今かなり有力になったようです。しかしこの曲の原作がフリーデマンでなかったとしても、音楽的には確かにバッハ一族に属する音楽の内容であり、魅力的な協奏曲であることに変わりありません。

（一九八五年六月二十六日、東京文化会館小ホール「バッハファミリーコンサート」のプログラムより）

九月二十八日、四日市リベーロとなり村主催でリサイタル。曲目はモーツァルトの「アンダンテ」ヘ長調 K616、シューマンの「謝肉祭」Op. 9、戸田邦雄の「琴の響きによる幻想曲」、ドビュッシーの「仮面」、ショパンの「夜想曲」Op. 32-1、「バラード」3番、「スケルツォ」4番。

一九八五年十月にソ連に行く。十七日ドニエツク、二十日ハリコフ、二十三日リガ、二十七日リヴォフ、二十九日レニングラードでリサイタル。この時のことを『音楽現代』八六年一月号に記事を書いているので記載する。

「五年ぶりのソ連公演を終えて」

五年ぶりのソ連公演は、ウクライナ地方のドニエックから始まった。その昔フルシチョフが働いた工場があると聞いた。切符は全部売り切れ満員と聞かされまず喜ぶ。いつもの習慣通りに会場の舞台のピアノで開場直前に手ならしをするつもりで出かけたところ、なんの用意もしてなく調律師も開演ちょっと前にやっと現われたというわけで、かなり遅れて始まった。

お客は静かに聴くが、幾分不慣れな感じ。でも気にせずに自分のペースで進む。プログラム全部が終わって引っ込み、かなり拍手もあったのでせめて一回くらいお辞儀をするとかアンコールを一曲くらい弾くつもりでいたら、司会者がさっさと出て「音楽会終了」とやったのには驚いた。クラシックにかなり不慣れなのか、それとも早く家に帰りたかったのか、こんなことは二五年の演奏生活中二度目でしかない。一度目は実を言うと昔、旭川でゲヴァントハウス四重奏団と「鱒」の五重奏を弾いたとき、たぶん軽音楽の舞台の経験しかなかった係が、演奏が終わるやいなやカーテンを下ろしてしまったのだ。あっけに取られて一同えらく不機嫌にホテルへ戻った思い出がある。人生いろいろなことがあるものさと、今回も気に留めないことにした。次の町ハリコフは今回確か四回目である。二、三年前にここで私が弾いた時の司会者が偶然現われて、私のことをよく覚えてくれていたのにはびっくりした。親しみを込めた司会ぶりに会場が暖かく盛り上がる。フィルハーモニーの会場が改装中で、臨時のホールには暖房がない。十月とは言え、しんしんと冷えてくる。弾く方は寒くないが、座っているお客が気の毒だから曲目を減らせと通訳が言う。私は絶対反対だ。切符を買ったお客が曲目が減って喜ぶはずがない。もし帰りたい人は途中で帰れば良いので、演奏者としてはあくまで予定通り演奏する義務があると頑張った。しかし、休憩なしには同意した。唯一人帰る様子もなくアンコールまで十分やって、やっとみんな帰った。それ御覧という気持ちだった。

次の町はバルチック海に臨む美しいリガ。今回確か五回目である。昔の修道院を改築してできているフィルハーモニーの大ホールは独特な重厚な雰囲気に満ちている。ウクライナ地方とは異なり、ここではヨーロッパふうプログラムが印刷されて司会者はいない。我々はプログラムがないと一種の不安感をもつが、司会者がいると便利な面もある。私は特に、その日に演奏する日本の作品については、必ず短い曲の説明を司会者にしゃべらせることにしている。日本と違い親切な曲目解説など普通外国では印刷したプログラムにもないから、邦人作品の簡単な説明を頼むのには司会者の存在はちょうど良いことになる。ここでは時差ボケも治り、北ヨーロッパふう大都市の空気に気を良くして、私はますます調子づいてくる。

リガに長めに滞在したいのだが、宿の都合、飛行機の都合で次の町へ行かざるを得ない。リボフは昔ポーランド領だった町で、カトリックの大寺院が博物館として公開されている。なかなか立派なオペラ劇場もあるが、ちょうど運悪く観たい曲目にはぶつからない。それで潔く休養とする。音楽会はコンセルヴァトリアのホールで熱気溢れる会だった。楽器が相当ひどいのが残念だったが「弘法筆を選ばず」の意気で乗り切った。

さて、最後がレニングラード。今までにフィルハーモニーの大ホールで三回、他のホールで二回演奏した記憶があるが、今回嬉しいことに、またあの宮殿のシャンデリアの輝く美しいフィルハーモニーの大ホールが待っていてくれた。今までいつでも満員だったが、五年来ない間にもしかしたら変わっているかもと、私の悲観主義的傾向が頭をもたげたが、その心配がまったく飛んでしまうほど、超満員だった。夢のように幸せなことがまだここでは現実に有り得たのだった。演奏家としての最高の幸せな時を託された会だった。モーツァルトの「アンダンテ」K616、「変奏曲」K付録137、シューマンの「謝肉祭」、ここで休憩前にもうブラボーのどよめきが聞こえて感激する。休憩後、戸田邦雄の「琴の音による幻想曲」、ドビュッシーの「仮面」、ショパンの「バラード」1番、「夜想曲」「スケルツォ」4番と続いた。終わって楽屋に何人もの見知らぬ愛好家たちが訪ねてくれた。以前にも私を聴いてくれた人、もう何年もこんな演奏を聴いたことがないと喜んでくれた老紳士、そして昔モスクワのコンセルヴァトリアで一緒に勉強と生活の苦労を共にした友達のアダも、わざわざターリンから会いに出て来てくれたのだった。

その後、帰国。

一九八六年五月四日、睦美会主催で「リストの夕べ」。「慰め」から3番6番、ソナタロ短調、「バッハのモティーフによる変奏曲」「超絶技巧練習曲より」より3番「風景」5番「鬼火」、「忘れられたワルツ」より1番、「メフィストワルツ」を演奏。

五月十五日、函館市民会館小ホールで同じく「リストの夕べ」で同じプログラムに「ラ・カンパネラ」を加えて弾いている。五月二十四日、東京文化会館小ホールで「リストの夕べ」と題してリサイタル。曲目は先の「リストの夕べ」と同じ。

その後、十月に中国に行く。今度は一人で成都に行った。四川音楽学院ホールでリサイタル。モーツァルトの「幻想曲」ハ短調 K396、ベートーヴェンのソナタハ長調「ワルトシュタイン」、清瀬保二の「前奏曲」1番2番、琉球舞曲1番、ラヴェルの「水の戯れ」、「亡き王女のためのパヴァーヌ」、リストの「ラ・カンパネラ」、「慰め」3番、「メフィストワルツ」。その後、西安音楽学院ホールで同じプログラムで清瀬保二の曲を戸田邦雄の「琴の音による幻想曲」に変えて演奏する。その後、中国に教えに来てくれないかと提案があったが、これはとても無理と思い断った。言葉が分からないのでは、どうやっても難しい。通訳を介してもとてもやっていける自信がない。今は、まったく違うと思うが、あの頃の四川の生活は毎日停電があった上に、通訳は仕事の日にしか来てもらえないので字引を頼りにまたアメリカから教師として働きに来ていたアメリカ人たちを介して私の使い物にならない英語で最低限の意思を伝えることでなんとか滞在した。中国語をなんとか物にするにはもっとずっと若くなくては絶対無理、と諦める。それに東京の生活と中国のそれは差が大きすぎて埋めるわけにはいかない。とにかくその後、帰国。

十二月四日、北海道森町でリサイタル。ベートーヴェンのソナタ「悲愴」「ワルトシュタイン」、ショパンの「練習曲」Op. 10の一二曲、「夜想曲」Op. 27-1、「英雄ポロネーズ」。

一九八七年二月四日、姫路市民会館大ホールでリサイタル。ベートーヴェンのソナタ「田園」、「告別」、リストの「超絶技巧練習曲」より12番「雪あらし」、「パガニーニ練習曲」より5番「狩り」、シューマンの「謝肉祭」Op. 9。五月二十一日、東京文化会館小ホールでターリッヒ弦楽四重奏団とシューマンの「ピアノ五重奏曲」を演奏。六月七日、東京石橋メモリアルホールで東京アカデミカー・アンサンブルと指揮朝妻文樹で「本邦初演の作品を集めて」というタイトルで牧野由多可の「浄瑠璃幻想」の世界初演。

十月二十二日、加古川でリサイタル。ベートーヴェンのソナタ「悲愴」、リストの「バッハのモティーフによる変奏曲」、ラヴェルの「古風なメヌエット」「水の戯れ」、プロコフィエフのソナタ5番、ドビュッシーの「練習曲」より「オクターブのため」「八本の指のため」の二曲、宍戸睦郎の「トッカータ」。二十三日、洲本淡路勤労センターホールでベートーヴェンの「悲愴」、リストの「バッハのモティーフによる変奏曲」、ラヴェルの「古風なメヌエット」「水の戯れ」、プロコフィエフのソナタ5番、ショパンの「華やかなワルツ」Op. 34-2、34-3、「英雄ポロネーズ」。十月二十四日、姫路山崎町の山崎小学校の講堂で「ベートーヴェンのソナタ「悲愴」、リストの「バッハのモティーフによる変奏曲」、モーツァルトの「アンダンテ」K616、「変奏曲」Kahn137、ドビュッシーの「練習曲」より二曲、ショパンの「夜想曲」よりOp. 27-1、「英雄ポロネーズ」を演奏している。

一九八七年十一月にチェコスロバキアと東独へ演奏に行く。『音楽現代』一九八八年三月号から。

「チェコ・東ドイツ演奏旅行――クルト・ヴェスの死をのりこえて」山根弥生子

一九八七年十一月半ばから五週間ほどチェコスヴァキア、東独の演奏旅行をした。霧けむるドナウ川にのぞむブラチスラヴァに到着。考えてみれば、初めてこの町で演奏してからもう四半世紀もたってしまったことにいまさらのように驚く。そしてこの二十五年間にずいぶん何回も演奏会をしにこの町を訪れたわけだ。今回はスロヴァキア室内オケと協演。

このオケは大きい編成のスロヴァキア・フィルを上まわるすばらしさで、質の高いきめ細かなアンサンブルを誇っている。コンサートマスターで指揮をかねたワルハル氏はヴァイオリンを弾きながら団員をぐんぐん引っ張っていく。このようなパートナーに出会うと私は水を得た魚の気分になる。曲目は管楽器なしの弦だけのコンチェルトという先方の要望に応えて、クリスチアン・バッハのト長調だった。約十四分のこの曲はモーツァルトの協奏曲より恐ろしい。あまりにも単純で透明で短いのだ。終わったところでどっしりもう一曲何か弾きたくなるのが初日の気分だった。

スロヴァキア・フィルハーモニーのホールは美しい。シャンデリアが輝き、赤と金の装飾は昔ながらのしっとりした雰囲気をかもし出している。音響は自然ですばらしい。まさに古い時代の良い響きが生き生きと楽しめる条件がそろっている。

満員のお客はいつものことながら、とてもあたたかく迎えてくれた。オケを相手の時にはアンコールを弾くのは時には問題がある。オケのメンバーが待つのをいやがるので原則として弾かないのだが、お客があまりに熱心で指揮者もすすめてくれたので、モーツァルトの変奏曲を弾いた。

二回のこの演奏会を終わったところで、西ドイツのピアニストのフランクが急病で代わりを頼まれることになった。そんなわけで三日目は同じオケとブラチスラヴァから一〇〇キロほど離れた温泉保養地のピエシュタニイで、また四日目には再びブラチスラヴァの同じホールで演奏した。四日目にはまたまたアンコールをせがまれて違う曲を弾くはめになった。「これであなたはスロヴァキア室内オケの方も征服しましたね」とフィルハーモニーの総裁が冗談を言った。「クリスチアン・バッハをチェンバロではなくピアノできいたのは初めてだ。しかも千人近い大きさのホールには、ピアノと弦の協演の方が音のバランス上ずっと美しく好ましい」という意見が多かった。

このあと一週間ほど日時があったので、西ベルリンのロロフ先生を久し振りに訪問した。数年来、先生は左半身が不自由で心配していたが、今は三年前よりもずっと顔色も良く気分も明るくなっておられ、うれしく思った。

十二月初めから東ドイツの演奏旅行が始まった。最初はチェコ国境に近いライヒェンバッハ、次にプラウエン（レース布地の生産地として有名）でリサイタル。モーツァルト「アンダンテ」K616と「変奏曲」K附録137、シューマン「謝肉祭」、戸田邦雄「琴の音による幻想曲」、ドビュッシー「仮面」と「練習曲」一巻より二曲、ショパン「ワルツ」Op.34-1, 2, 3と「ポロネーズ」Op. 53。

次の町はドレスデンでドレスデン・フィルと牧野由多可の「ピアノと弦と打楽器のための浄瑠璃幻想」のヨーロッパ初演を行なった。二十年前、まずここでの良い評価が広がり、そのお陰で今まで何回もドイツの演奏旅行が実現したので、心がはずんだ。

前の晩プラウエンのリサイタルを終え、翌日早朝、汽車でドレスデンに着いた。駅からすぐオケとの練習に行かなければならない日程だった。「指揮者のクルト・ヴェスさんはだいぶ前にここに来ておられる？」と軽い気持で訊いた時の迎えに来た人の当惑のまなざしは今でも忘れられない。「実は大変なことが起こりました。きのう午後、練習中に急に亡くなられたので……」一瞬、目の前がまっくらになるほどのショックを受けた。私の気持ちを気づかってみんななるべく遅くまで事実をかくしていたらしい。

ヴェス氏はとても元気で誰もこんな突然の死をまったく予測さえしなかった。彼自身も考えもしなかっただろう。練習の最中、何か愉快な冗談をとばし、またタクトを取り直し、二、三小節振ったところで急に倒れ、そのまま逝ってしまわれたとのこと。悲しいことだが最後まで指揮棒をとって音楽と共に去っていかれるとは、音楽家として最も美しい亡くなられ方だといえる。

急遽、若手指揮者ワイグレがライプツィヒから応援にかけつけ、その日たった一回の練習と翌朝本番の日のゲネプロとの二回きりの練習で見事代理を果たした。本来ハイドンの序曲で始まる予定を変更し、ヴェス氏の死をいたみバッハの荘重な曲が演奏された。それ以外は全部予定の曲目だった。聴衆もあまり突然の指揮者の死にすくなからず動揺した様子だった。私も舞台に出たさい、もしかするとこの場の空気に日本の現代曲が不向きになりかねないのではと、いくぶん不安を感じないわけにはいかなかった。でもすぐにみんなが前向きに音楽にのめり込んでくるのがわかり、なんとか平静をとりもどした。

曲に対する観客の反応はなかなかよかった。二四〇〇人入る文化宮殿の大ホールが二晩とも定期演奏会にしろ満員なのだ。そしてこの風景は私が二十年前に見てから今まで少しも変わっていないのだ。ドレスデンと並んでベルリン、ライプツィヒもだいたい同程度に近い聴衆の質と数を保っているようだが、そのようなことはドイツ人が生活のうえでどのように濃い密度で音楽とかかわっているかをよく現わしている。

初日にも四回ほど舞台に呼びもどされた。二日目にはみんながいくぶんヴェス氏の急逝のイメージから遠ざかったのかより明るい気分で、よりよい演奏になった。指揮者とコンサートマスターと私は手をとり会って成功を喜んだ。曲の評価は特に専門家の間でずば抜けて良かった。うちのオケでもやりましょうという声がすでに二、三とどいている。

ドレスデンの波乱に満ちた初演を無事終えて少しだけ肩の荷が下りたが、一日おいてライプツィヒのリサイタル、そして間にまた一日おいただけでベルリンのリサイタルが続いたのでのんびりする余地はなかった。そのうえライプツィヒとベルリンでは、まったく違った曲目だった。私はなんとなくこの二大都市が、同じ曲目は選ばないであろうという予感がしていたが、それがずばり当たってしまったのだ。二つも違うプログラムを提案するからこんなつらい目に会うのだと友人たちにおこられるが、主催者側にしてみれば、たった一つきりのリサイタルの曲目提案では困る場合がかなりあるのだ。

ライプツィヒは前記のプラウエン等と同じ曲目だったが、ベルリンのものはベートーヴェン。ソナタハ短調「悲愴」、リスト「バッハの動機による変奏曲」と「超絶技巧練習曲」から二きょく、ラヴェル「古代風メヌエット」と「水の戯れ」、プロコフィエフのソナタ第5番、宍戸睦郎の「アダージオとトッカータ」であった。ベルリンも立ち見が出るほどの熱気にあふれた演奏会だった。

三、四年前に出来たベルリン自慢の新しい劇場（ベルリン劇場室内楽ホール）で、大小のホールがある。大ホールでは三年前にオケと協演したが、小ホールは初めてだった。七百人くらいのすばらしい音響のホールだが大ホールをしのぐくらいよかった。ベルリンのお客の質の良さを知っている私は、回を重ねるごとにこんな良い聴衆の期待を裏切ってはいけないという責任感からふるえた。本当にピアノが好きで聴きたい人だけが集まっている。幸いにも今回もみんなが私に呼吸を合わせて、すい込まれるような静けさの中に聴き手の心の動きが伝わってきた。

一曲目の後の拍手からして圧倒的でうれしい一方、逆に後のことが心配になりかけた。でもリストもラヴェルもプロコフィエフも宍戸さんの曲も大きな拍手で終わった。少しばかり風変りなこのプログラムが、ベルリンに適切であったことが証明されたといえる。

四回のアンコールを弾き終え舞台裏に入った時には、さすがに足がガクガクした。三日後には、ハレでヘンデル・フェスティヴァルのオケとサン＝サーンスの5番の協奏曲を弾いた。指揮はコッホ。オケのマテリアルの関係から東独ではあまりサン＝サーンスは弾かないようで、ハレでも初めてということだったが、たいへんな反響であった。

スモッグのハレからベルリンにもどり、約五週間ぶりに帰路についた。疲れたけれどもさわやかな気持だった。こうした経験を持てる限りピアニストはやめられないなと思った。

東京に戻る。

一九八八年五月六日、文化会館小ホールでリサイタル。曲目はモーツァルトの「アンダンテ」K616、Kの付録137「変奏曲」、シューマンの「謝肉祭」、ドビュッシーの「練習曲」から「装飾音のために」「反復音のために」「六度のために」「オクターブのために」「八本指のために」、プロコフィエフのソナタ5番。十月六日、音楽の友ホールで大學夫人協会主催でリサイタル。マルティーニの「前奏曲フーガ・アレグロ」、シューマンの「交響的練習曲」（遺作の五曲を含む）、ドビュッシーの「前奏曲」二巻より「月光の降り注ぐ照らす」「花火」、プロコフィエフのソナタ5番。

その後、ソ連に行く。十月三十日、モスクワで学者の家ホール、三十一日、キエフはキエフ・フィルハーモニーホール、十一月三日、レニングラード・フィルハーモニー大ホールで、三回リサイタル。マルティーニの「前奏曲フーガ・アレクロ」、シューマンの「交響的練習曲」、牧野由多可の「ピアノのための沖縄民謡組曲」、ドビュッシーの「練習曲」より二曲、プロコフィエフのソナタ5番。その後、帰国。

東京の生活も一九八〇年代の終わりから一九九〇年中頃までに少し変わる。

父から受け継いだ市ヶ谷の土地に古い日本家屋を改築しながら住んでいたが、建て替え計画が浮上する。鉄筋三階建の一階にピアノを持ち込んで我々が住み、二階三階は貸し出すことになる。

防音が大変だった。比奈子の勤め先である洗足学園大学魚津校の心理学の岸田先生の知人の井出さんと山中さん（建築家）が仕事を引き受けて下さり計画が進む。建て替えが終わるまで、伊豆の家を一部屋増築してピアノ二台を入れ一年間伊豆から学校に通うことになった。洗足学園大学のある川崎溝の口に通うのはまだしもだが、比奈子の同大学魚津校へ通うのは大変だった。飛行場は富山にしかないし、しかもしじゅう欠航があり、当てにもできないし、飛行場までが遠すぎてとても使えない。それで電車通勤になったのだが、月曜日朝四時頃起きて六時台の始めの電車に比奈子を送る。伊豆高原から東京駅までたっぷり二時間以上かかる。この時間帯には都合の良い特急踊り子号などはない。そして上越新幹線は上野からなど出ない。宇都宮か高崎だったかそこまで乗り換えが必要でやっと一四時頃に魚津に着いて学校に直行して夕方まで教えてからホテルへ。学校とホテルの往復を火曜、水曜を経て木曜まで教えて、昼すぎに魚津駅に。そして夜中にやっと我が家へたどり着くという大変な日々を送ることになった。この移動は想像を超えた激務だった。比奈子に半年ほどで異常が現われる。甲状腺ホルモンに異常をきたし服薬のためヨードを含む食品が食べられなくなる。その後、目の瞼が下がってくる症状も現われて三井記念病院に入院。手術をせざるを得ないことになった。いま考えれば私の毎年のリサイタルなど一年休んでピアノは倉庫に預けてどこか都内に借家住まいをした方が良かったのに。強引すぎる選択をしてしまって比奈子に申し訳なく思う。私自身は洗足音大のレッスンをなるべく一日に詰め込んで集中してもらい伊豆高原から川崎溝の口まで通った。往路は東海道線から川崎で南武線に乗り換え、帰路は同じルートか小田急線を使ってもみた。その方が時間的には少し短かったと思うが混み方が小田急線はひどく東海道線の方が席に座れる確率が高かったのを思い出す。

一九八九年六月十六日の東京文化会館小ホールのリサイタル（フランス革命二〇〇年記念のリサイタル）は伊豆から出向いて弾いた。終わってからも伊豆まで戻れない時間なので雨の中、親子三人ホテルに泊まった。こんな無理してまで私の毎年の東京でのリサイタルはこの年には本当はやるべきではなかったのだ。

一九八九年春から一九九〇年秋まで丸一年半ほど、比奈子の伊豆高原⇔魚津の強行軍を耐えしのいでやっと東京に戻った。十月中頃、まだいろいろ細かいところは未完成だったが、住み替え始める。引越し荷物もほとんど動かせないまま最低限の寝具（無圧布団）を東京に持ち帰って一階の広い部屋に三人で泊まった。荷物は一部倉庫に預け、一部は伊豆のままでピアノもそのままのばらばらの状態。落ち着くまでまだ大変な仕事が待っている。でもやっと東京に戻れて少し安心。しかし、そんななか、最初の夜に訪れたのはなんとゴキブリ！　明かりに誘われて到来したのだ。やれやれ新築の我が家に古い家屋のイメージさながらのゴキブリとは、まったく考えもしなかったところで、大ショック。つまり明るいところに飛んで入ってきたらしい。古い材木が残っているはずがないところへこういうこともあるものと、昔ミラノで借りて住んだ家に夜中に出たゴキブリの大群を思いだしてがっくりした。幸いは今回は大群ではなく一匹だったがショックは小さくなかった。落ち着いた生活が戻るまではいろいろあったが、防音でも騒ぎがあった。とにかくピアノを気兼ねなく弾けるように防音には万全を期したつもりだった。念のために私が音を出して比奈子に二階に上がってチェックしてもらう。なんと、まるでよく聞こえてしまっているとのこと。特別に手を尽くしたはずが、見事に失敗に終わっている。大騒ぎになり、専門の仕事を頼んだ業者に確かめてもらったらなんと工事の下請けを引き受けた業者が切り離して工事すべき箇所を間違えてくっつけてしまったとのこと。つまり通常ならばくっつける場所を防音のために切り離さなければいけない場所を通常のやり方でくっつけてしまったと判明。これではまったく防音できるはずがないと一からやり直しとなる。プロの演奏家二人にとって死活問題の練習室の防音は、やり直しを経て成功するまで少し時間がかかった。これまで留学先で練習の音がうるさくて何回も引越しを余儀なくされていたのが、やっと今になって自宅の新築で全面解決。それにしてもここまで音には何年苦労したことか。建て替える前の日本家屋の時代にも父はピアノを置く練習室は新しく建て増しをしてくれていた。日本家屋でも二重窓にして壁と天井は防音材を使ってかなり厳重に音漏れを防いでくれたので、ご近所からの文句は出なかった。

一九八九年三月十六日、函館市民会館、四月十五日、四日市リベーロとまり村、二十一日、静岡音楽協会主催、二十五日、姫路音楽協会主催、で「フランス革命二〇〇年の年にその時代を生きた音楽家と後のフランス音楽の栄光」というタイトルでリサイタル。メイユールのソナタイ長調 Op. 1-3、ケルビーニの「幻想曲」ハ長調、ベートーヴェンの「エロイカ変奏曲」、リスト編曲の「ラ・マルセイエーズ」、シャブリエの「ブーレファンタスク」、ドビュッシーの「月の光」

「花火」、ダンディーの「フランスの古いロンドの歌による幻想曲」、ラヴェルの「水の戯れ」「道化師の朝の歌」。六月十六日、東京文化会館小ホールで同じタイトルで同じ曲目を演奏。

その後、九月に東独に行き、二十三日、二十四日、二十五日、三回ロストックでフィルハーモニーと指揮プルスでモーツァルトのピアノ協奏曲19番 K459を弾き、その後リサイタルを四回公演している。

《小柄な日本のピアニストの透明で力に満ちたタッチにまず目を見張る。プログラムは大半がフランスものでその中に例外的にベートーヴェンのエロイカ変奏曲が入っている。このエロイカ変奏曲で彼女はすぐれた構成力を示した。彼女の魅力はヨーロッパ流の教育を受けながらも、ヨーロッパ人とは一味違う特質を演奏の中にかいま見させ、暗示することにある。ともすれば習作的ともなりかねないメユル、ケルビーニ、シャブリエ、ダンディ等が彼女の構成力ある手にかかると小さいながらも自信に満ち固有の価値ある作品に数えられるようになってしまう。ドビュッシィ、ラヴェルも印象強く表現された。》（ウォルクガング・ブーク *Freiheit,* 一九八九年九月二十六日）

《ロストック・フィルのこの秋最初の音楽会はヤマエの独奏によるモーツァルトピアノ協奏曲へ長調 K459で始まった。まるでこの曲が生まれた一七八四年代のウィーン同時代人がピアノに座っているように、優雅で名人芸的に演奏され聴衆から暖かくむかえられた。》（P. E. Kobermann*N. N.* 一九八九年九月二十六日）

曲目はだいたい同じだが、少しずつ変えている。十三日、ベルリンのベルリン劇場でリサイタル。メイユールのソナタイ長調、ケルビーニの「幻想曲」ハ長調、ベートーヴェンの「エロイカ変奏曲」、シャブリエの「ブーレファンタスク」、ドビュッシーの「月の光」「花火」、ダンディーの「フランスの古いロンドの歌による幻想曲」、ラヴェルの「水の戯れ」「道化師の朝の歌」。十五日、ポッダムでメイユールのソナタイ長調、ケルビーニの「幻想曲」ハ長調、ベートーヴェンの「エロイカ変奏曲」、フォーレの「夜想曲」1番Op. 33、「即興曲」2番Op. 31、ショパンの「ポロネーズ」Op. 26-1、「ワルツ」Op. 18、「遺作のワルツ」「スケルツォ」3番。十七日、ズールでポツダムと同じプログラムでリサイタル、二十一日、ハレのリサイタル。ベルリンと同じ曲目の組合せ。

その後、チェコスロヴァキアに行き、九月二十八日、スロヴァキア地方のジリナでリサイタル。東独ベルリンと同じプログラム。十月三日、四日、五日、ジリナ、リプトフスキー、ミクラシュ、の三ヶ所でジリナ室内オーケストラと指揮武藤さんで牧野由多可の「浄瑠璃幻想」を演奏している。その後、帰国。

一九九〇年五月、睦美会スタジオで「シューマンとショパンの夕べ」と題してリサイタル。シューマン「クララ・ヴィークの主題による即興曲」Op. 5、ソナタト短調Op. 22、ショパンの「ワルツ」八曲、「エコセーズ」「コントルダンス」「幻想ポロネーズ」。その後、六月、東京文化会館小ホールでのリサイタルでも同じ曲目でリサイタルを行なう。

この会について、いくつかの音楽雑誌が批評を書いているので記載する。

毎年、意欲的なプロでリサイタルを催しているベテラン・ピアニスト山根弥生子の今年の曲目はシューマンとショパンの作品を並べたシンプルなプロ。しかし、その内容をよく見ると、このピアニストの作品に対する鋭い洞察と研究意欲を窺うことができるもの。(中略)

日本とヨーロッパを行き来し各国で演奏会を催している山根弥生子は、以前のどちらかといえば端正で真面目、力動感に重点を置いた奏出から変化しつつあるようだ。相変わらずの確かなタッチから生まれる響きは、この人独特の生命力を生み、いわゆる〝生きた〟音楽を作り出すことには変わりないが、年輪を加えると共に、響きに含蓄のある味わいが交わり、それが音楽の幅を広く豊かにし始めた。それは今回のシューマンの2曲「クララ・ヴィークの主題による即興曲」とソナタ第2番の演奏に顕著に聴くことができた。シューマンのこの2作品は決してシューマンのなかでは知られている曲ではない。しかしながら山根弥生子の演奏は、曲のすみずみまでをよく消化して、それを明確な姿で響きにしていた。従って、聴き手は、この分かりにくい作品を、シューマンの有名曲と同様に楽しむことが出来た。さらに、このピアニストの特質の一つでもある良きリズム感によって、シューマンの特徴的なリズムがごく自然に描き出されていたことが大きく寄与していた。3つのエコセーズ、8曲のワルツ、幻想ポロネーズなどを並べた後半のショパンは、最近の思い入れたっぷりのショパンではなく、音楽的にワルツ、ポロネーズなどのリズムを生かした爽やかさを誘っていた。

（渡辺茂『音楽旬報』九〇年七月一日号）

七月、洗足音大前田ホールにてミニ・リサイタル。モーツァルトの「アダージオ」K540、「ジーク」ト長調K574、ショパンの「練習曲」Op. 10の1から8まで八曲。

十一月に盛岡、前沢の二箇所でリサイタル。曲目はベートーヴェンのソナタから「悲愴」、「ワルトシュタイン」、ショパンの「夜想曲」Op. 62-1、「練習曲」Op. 10の一二曲、リストの「慰め」より3番、「超絶技巧練習曲」から10番ヘ短調、12番「雪嵐」。実はここでも一生に一度のハプニングがあった。いつものように開演まで小一時間、指慣らしをしてから本番ということにしている。当日本番になって驚いたことには、お客様が一人も入っていない！　ということだ。何がいったい起こったのか！　そこで主催者曰く、「行き違いで誰も来なくなった」とのこと。まったくこんなひどい話は聞いたこともない。でも約束は約束だから、私はとにかく全プログラムを誰もいない会場で弾いた。ベートーヴェンの名曲のソナタ二曲「悲愴」「ワルトシュタイン」、ショパンの練習曲Op. 10の一二曲。それにリストの「なぐさめ」第3番、「超絶技巧練習曲」より10番、12番「雪嵐」。どう考えても受けないような曲目ではない。絶対に良いプログラムなはず。それで、全部弾いてから主催者に言った。「私は誠意をもってお約束を果たしました。明日も勿論、お約束通り弾きますがギャラは払って頂きます。」こんな恥ずかしいことを今まで一度も言ったことはない。でも、黙って引き下がるわけにはいかないので、清水の舞台から飛び降りるつもりでそれを言って、結局相手も支払ってくれた。労音が取り持った話かと思っていたが、そうではなく、なんらかのトラブルがあったらしいが、結局のところ真相は分からない。

一九九一年六月八日、東京文化会館小ホールで新ヴィヴァルディ合奏団と指揮早川正昭さんでモーツァルトの協奏曲6番K238、11番K413、19番K459の三曲を弾く。

九月二十八日に四日市でリサイタル。「モーツァルトの夕べ」というタイトルでリサイタル。曲目はモーツァルトの「アダージオ」K540、「ジーグ」ト長調K574、ソナタト長調K283、ヘ長調K332、「ロンド」イ短調K511、「デュポールの変奏曲」K573、「幻想曲」ハ短調K475、ソナタ14番ハ短調K457。

十月二十七日ブラチスラヴァ、二十九日トレチャンスケテプリッツェ、三十日ポヨニッツェ、三十一日ピエシュタニーの合計四回、ブラチスラヴァ歌劇室内オーケストラと指揮ヴァッハでモーツァルトのピアノ協奏曲19番K459を演奏。

その時の思い出を四日市市とまり村の新聞に書いている。

「チェコスロヴァキアの思い出」

チェコスロヴァキアに初めて演奏旅行に行ったのはちょうど三〇年前になる。この国への私の愛着の気持ちも強い。チェコ語もスロヴァキア語もできない人間にとって表面的なこと以外は分からないことばかりではあるが、両民族の折り合いが昔からそうしっくりいっていなかったことは伺えた。昨年十月末から一週間ほど、ブラチスラヴァを訪れた時には近いうちに両民族が別々の国になることはおそらくもう避けられないところに来てしまっているらしい、と感じた。ソ連の崩壊を目前にしてスロヴァキアも不穏な空気に包まれていた。

民主化の波と言われるものは時には良し悪しを区別なく一緒に巻き込んで一方的な変革に走ってしまう。切り捨てられるべきでない良いところまで昔のものは全部悪いとされてしまう。それらの影響と察するが音楽に関する事務的な仕事の処理もかなりの混乱ぶりだった。約束している連絡が来ない。電報、電話、ファックス、あらゆる手段でやっとギリギリの時間で見通しがついて出発した。ウィーンの空港に出迎えを出すので来てくれと言うのでロンドン経由でウィーンに夜九時過ぎ頃に着いた。幸い、迎えは来ていて車ですぐブラチスラヴァに向かった。国境まで良い道を一気に走りこのまますする目的地に到着できるかと思ったら、そうはいかなかった。往来が自由になったので多くの大型車が夜に通過するため、国境線手前で長蛇の列が待っていた。待つこと一時間半ほどあまり、やっと通過してブラチスラヴァのホテルに着いたのは夜中近かった。

ホテル「タトラ」という美しい地名をつけた宿だが、部屋に入って少なからずがっくり。贅沢は望まないが今まではもっとましなホテルが用意されていたのに、今回どうしたことか風呂がなくてシャワーだけの、それもカーテンも壁の仕切りもない有様。狭い浴室のひと隅にくっついている形なので、浴室全体が水浸しで濡れてしまう。なんとも居心地が悪い。若い頃の夏休みならいざしらず演奏を控えている時にこの状態ではかなわない。疲れ切って着いた夜中に怒りが募る。いまさら他の部屋の空きも全然ないと言うことで翌朝まで我慢する。風呂付きのましな部屋には翌日やっと変えてもらった。

さっそくその日、練習。古い教会を音楽会場に手直ししたクラリスキーという会場はなかなか雰囲気がある。ブラチスラヴァのオペラの室内オーケストラと指揮者はマリアン・ヴァハ。もしかしたら残響がうるさくならないかと心配したが、本番でお客が満員になると不思議なくらい良いバランスになった。プログラムは全部モーツァルトでオペラ「ミトリダーテの序曲」、ピアノ協奏曲19番 K459、「ミサ・ブレビス」K194。指揮者もよくやってくれて曲目も会場にぴったりでやっと気分が明るくなってくる。

初日のブラチスラヴァは日曜日の昼の音楽会だったので聴きに来てくれた知人と昼食を取ろうと思ったら、これがまた一大問題だった。レストランがどこも超満員で入れないのだ。ホテル「タトラ」は朝と夜はレストランが開くが、昼はないのがこれまた泣きどころであった。このところ、国境の出入りが一日有効のビザで簡単にできるようになったので、観光客と買物客がどっと流れ込んで場所を全部取ってしまうのだった。ホテルも同じような理由で外国人観光客に占領されてしまっているので、どうやら私のように仕事でしかも音楽などという不経済な職業でやって来る人種は一流ホテルから外されることになったのだろうと察した。観光客の落としてくれる外貨がすべて優先というのも無理はないのだが、地元の住人たちはかなり迷惑を被ってもいる。ちゃっかりした連中は外貨を率良く交換してブラチスラヴァに来て日用品から食料品まで根こそぎ買いまくって持ち去ってしまう。そんな外国人たちに荒らされて、地元の人たちは品不足に泣いているという話も耳にした。失業者の数もひどく増えて生活が以前より困難を増しているのを実感させられた。資本主義になれば誰もが金持ちになれてバラ色の生活になるのかと錯覚している人たちがかなりいると知人が嘆いていた。彼女自身はチェコとスロヴァキアの分離には反対だったが通訳の若い女の子はもう全面的に分離賛成のようだった。

十月二十八日はナショナルデーで、音楽会はなかった。私もうっかりしていて、その日が休みのことを気がつかないでいた。午後少し練習したかったので、フィルハーモニーに場所を借りに行き、二時間ほどピアノを弾いて帰路に着いた。ちょうどそのとき、チェコから大統領が来て広場の一角で演説が始まっていた。まさかそんな騒ぎが起きるとは知らないので、通り道になるこの広場にさしかかってびっくりした。演説に怒った聴衆が口々に「これは挑発だ！」と叫んで騒ぎ出し一触即発の状態になり出したのだ。もう後戻りしたくても戻れない場所に来てしまって身動きできないくらい人並みが渦を巻きだした。とにかくなんとか通り抜けようにもなかなか動けない。ここで万一倒されたら死んでしまうことになりかねないので必死になってもがいて人垣をやっと押しのけてなんとか抜け出した。恐ろしかった。燃え上がった人並みは理性を失ってなにもかも押し倒してしまう。ひどい遠回りをしても別の道を探してホテルに戻るべきところだったとホッとしながらも反省した。

我々はユーゴスラビアのような真似はしない、と彼らは言う。それを心から願うばかりだが、こんな状況を見ると少なからず心配になる。次の日、二十九日には同じ曲目同じ相手で巡業に出る。バスに全員乗って往復するので帰って来ると真夜中になる。テプリッツェ、これは同じ地名がチェコ地方にあり、そちらはベートーヴェンも滞在した有名な保養地だが、スロヴァキアのテプリッツェはトレンチャンスケ・テプリッツェ。つまりトレンチャンスカ地方のテプリッツェと言われている。半円形のホールはなかなか美しいがピアノは金属的な響きで弾くたびに神経を逆なでされるような気分になる。かなりイライラして弾いたがホールには良い音で響いていたらしいし、録った録音を聴いてみると、演奏はそれほど悪くはない。キリキリして弾く方がいいのかなぁと、不思議な気がする。リヒテルが以前、楽器が最高だと思った時よりも、あまりそうでない時の方がかえって良い演奏になるのだよ、と言ったことを思い出す。つまり、自分の方から積極的に良い音をどうやって弾き出そうかと努力することが、良い演奏を生む原動力になり得るという意味で、私も感心したことがある。

翌三十日はボヨニッツェ、山に囲まれ美しい村の中に教会や建物が散在した心和む景色なのだが、秋の短い太陽はすぐに沈んで着いた頃にはもう暗くなってしまった。素朴な暖かい人情に溢れた土地柄で、会のあと、町長さんから町議会のお偉方まで全員がワインで乾杯して歓迎してくれた。

翌三十一日はピエシュタニーで前にも来たことがある町である。妙なことにホールの楽屋で来たことがあるかどうかを思い出すことが多い。犬が匂いで記憶するように楽屋の気分と景色を含めた状態の感じが記憶に残るのだろう。そしてホールそのものよりも楽屋の方が強く残るのもおかしなことだ。四回も同じ相手と協演して別れる頃にはなんとなく名残惜しい気持ちになる。幸いどんなことがあっても終わってみれば音楽がすべてを満たして上機嫌に幸せにしてくれる。チェコもスロヴァキアも多難な時期をなんとか乗り切ってもらいたい、と祈る気持ちで帰途に着いた。

一九九二年五月、陸奥でジョイント・リサイタル。メンデルスゾーンの「厳格な変奏曲」、アルベニスの「組曲イベリア」より「港」「トリアーナ」、モンポーの「前奏曲」より三曲、リストの「スペイン狂詩曲」。六月、東京文化会館小ホールでリサイタル。曲目はメンデスゾーンの「厳格な変奏曲」、シューベルトの変ロ長調「最後のソナタ」、アルベニスの「組曲イベリア」より「港」「トリアーナ」、モンポーの「前奏曲」より三曲、リストの「スペイン狂詩曲」。

この時の演奏会の記事が『音楽現代』九三年八月号に掲載された。

「山根弥生子ピアノ・リサイタル」

毎年、意欲的な曲目でリサイタルを催しているベテラン・ピアニスト、山根弥生子の今回のプロは、ウェーバーのソナタ第1番、モーツァルトの幻想曲ハ短調とソナタハ短調、デュカの「ラモーの主題による変奏曲、間奏曲と終曲」、それにリストの「超絶技巧練習曲」より二曲という、この演奏家ならではの多彩な曲目。

パリ音楽院、チューリッヒ音楽院、ベルリン国立音大、モスクワ音楽院などで一流教授に師事している山根弥生子は、並べられた性格の異なる作品に、それぞれ見事に対応した演奏を展べていた。以前は力に任せての響きも、確かなタッチからのもつ叙情をよく多く語る姿となって、年輪を重ねた演奏に豊かな味わいが加わった。それは、特にモーツァルトと、デュカの作品に好ましい成果として示されている。

モーツァルトの幻想曲では、次ぎ次ぎと変幻する曲想を見事に摑まえ、それを美しい響きとして聴き手に伝えていた。デュカ作品での、渋いが独特の魅力を持つこの曲の色彩感をよく引き出しての演奏は注目された。自らの演奏家としての能力を逞しく発揮させる山根弥生子のリサイタルは、いつもながら聴衆に爽やかさを残していた。(渡辺茂)

春にはもう一つ思い出がある。ロロフ先生が確か昭和音大の招きで来日された。数年前頃から左手足が不自由になられてしまった。でも、だんだんに快方に向かわれ、教えることは大丈夫で東京まで来て下さった。教え子の鷲見加寿子さんがお世話役で確か一ヶ月近く滞在なさったと思う。その年の六月二十日に鷲見さんが津田ホールでリサイタル。そして、なんと私も同じ日に文化会館小ホールでリサイタル。先生を困らせる羽目になるが、なんとも仕方がない。鷲見さんの勤務先の招待で来日されているので、あちらが優先なのは当たり前。先生、気をお使い下さるな、と言いたいが、それでもロロフ先生はロロフ流にきめ細かく心を砕いて下さる。招待元の昭和音大で毎日のように公開レッスンをなさりながら、間で時間を取って私の自宅に来て教えて下さった。特にメンデルスゾーンは先生のお得意中のお得意曲。シューベルトの最後のソナタも私がなんとか上手になりたい名曲である。シューベルトについては考えないでもよいのにベートーヴェンが浮かび上がって気持ちのうえで両者を比べてしまう、私の困った癖が頭をもたげる。違う作風なんだと言い聞かせた自分に納得できない自分がまとわりついてくる。そんなら弾かなければいいのに、あの曲にはなんだか惹かれてしまう魅力がある。プログラムの後半は確か先生には聴いて頂く時間もなかったように記憶する。別れ際に先生に「当日の録音でも送れよ」と言われたが忙しさにかまけてお送りしなかった。先生が泊まっていられた宿泊所に母も一緒に車に乗ってお送りした。もしかして彼女もそれがお別れになることを察していたのかも知れない。リサイタル当日、会場に先生から大きな花束が届いた。先生、そんなお気遣いはなさらないでよかったのに……。嬉しく懐かしい思い出の一つだ。

七月、洗足学園前田ホールでミニ・リサイタル。アルベニスの「組曲イベリアより」「港」「トリアーナ」、モンポーの「前奏曲」より三曲、リストの「スペイン狂詩曲」。

その後、渡欧。

一九九二年十月三十一日、十一月一日、ドレスデン・フィルハーモニー・オーケストラと指揮ワイグレでサン＝サーンスのピアノ協奏曲5番を弾く。

サン＝サーンスに関してはあまり作曲家としての評価が高くない面がある。確かに幾分熱を欠く冷たさをもって淡々と始まる5番の協奏曲はドイツ人の気質にはそんなに合わないのかも知れない。でも同じ曲を少し前に確かマグデブルグなどでも弾いてとても良い反響を得たし、スロヴァキア・フィルとブラチスラヴァで数年前に協演した時もブラチスラヴァの人にはものすごく気に入られた曲だったので、ドレスデンの少し冷めた反応には少しちぐはぐな気持ちにもなった。フランス物のなかで私自身サン＝サーンスはものすごく好きというほどは好きではないが、優雅な控えめな美しさや柔らかさがいかにもフランス的という感じで、レペルトアールに入れるべき曲としていたが、確かにそう言われれば向き不向きが激しい曲かと思う。

9　藪入りの終焉とレコーディングへの想い

それにしても東ドイツが崩壊して東西が一緒になって前年のチェコスロヴァキアの状態も含めて、これはもうのんびり外国で藪入りをしている時ではない、と直感する。長い間の藪入りのお陰でとんでもなく多くのあちこちのオーケストラと協演できて、お陰で協奏曲のレペルトアールを抜群に増やすことができた。でも、もう待ったなしの状況になった。実はいま始めたいのは録音だった。ベートーヴェンのピアノ・ソナタ全曲を録音したい気持ちがだいぶ前からあったが、ついつい外国を飛び廻っているうちに先送りになっていたのだ。そこで、さっそくデビューした頃からお世話になっていた相沢昭八郎さんに録音をお願いすることにした。会場をどこにするか、洗足学園の前田ホールを何回か使わせてもらったが、途中で工事が理由で使えなくなり、あちこちに足を伸ばすことになる。あきる野市のきららホール、秩父のホールミューズパーク音楽堂まで転々とホールを探しては移動した。あきる野市のきららホールは音響はとても良い。前田ホールよりもたぶん良いくらい。相沢さんは初めてお世話になった頃にはコロンビア・レコードにおられた。その後、ソニーに移動されたがまもなく独立して「アダムエース」を設立されていた。

調律は最初スタインウェイから頼んでいたが、相沢さんのご紹介で諸貫さんを迎える。その後、今日に至るまで諸貫さんにはお世話になる。比奈子にも録音中すっかり世話になっている。譜めくりを全部してくれたうえに雑用を全部やってもらった。録音は弾いた後に辛い編集の仕事がある。生の演奏とはまた全然違う苦労なのだ。「レコード会社だって、そんなに細かいことまで直しませんよ」と言われる。演奏の良し悪しは本当はそんな重箱の底をつついたようなあら探しは関係ないことは百も承知しているつもりだが、どうしてもそのつまらないあら探しをしてしまうのは私の弱みであり困ったことだ。そこで細かいことは自分で技師の方と直して、最終的仕上げを相沢さんに見て頂くことと相成った。その頃の編集の仕方はズブの素人の私には皆目わからない。技師の方は「楽譜は読めない」と言われる。そこでテープを繋ぐ場所に差し掛かったところで「そこ！」と叫んでテープを止めて繋げてもらう。比奈子と目配せをしながら毎回「そこ！」とか「それ！」などと叫びながら進んでなんとか仕上げていく。本当に大変な作業でお疲れ様としか言えない。それにしても外国での遊びごとに近い藪入りを止めて日本での本来あるべき仕事をこなさないと人生間に合わないと思って切り替えたのは良いタイミングだった。これ以上遅いタイミングでは絶対その後の数多くの録音は実現できなかったと思う。生演奏も間で少しやりながら目の前の大事な録音に全力を注ぐ。ベートーヴェンのピアノ・ソナタ全曲（ボン時代のWoO ナンバーのソナタを含む）が一九九三年から一九九六年始めにかけて完成した。

編集の仕事を全部なんとかこなし相沢さんに最後の仕上げを急いで頂いて、一九九七年六月二十一日のリサイタルの日に会場にＣＤを並べられることに漕ぎ着けることができた。曲目解説は生前父が書いてくれていた物をだいたい生かして使わせてもらい、ボン時代の曲は生演奏の時には弾いていなかったので、それらの曲についてはコロンビア・レコードでお世話になった渡辺茂先生に書いて頂いた。相沢さん、渡辺茂先生、諸貫さん、編集の方々、そして比奈子にも皆さんに心から感謝。

この時の録音のことを相沢昭八郎さんが『音楽現代』一九九四年七月号に書かれているので、ここに記載する。

「ベートーヴェンのピアノ・ソナタ全曲録音に挑む山根弥生子さん」

女性に向いた音楽があるのか、私には疑問である。女性の好む音楽はあるように見える。ベートーヴェンはそれに該当するか。

世にモーツァルト弾き、ショパン弾きといわれる女性ピアニストは少なくないが、ベートーヴェン弾きというのはあまり聞かない。もしかすると、山根弥生子は広い世界でも希少な女性のベートーヴェン弾きではないかと私には思える。なにしろ、彼女はすでに三度ベートーヴェンのソナタ全曲の演奏会を行なっているのだ。これは大変なことである。ベートーヴェンが主要なレパートリーの男性ピアニストでも、現役の間に幾度の全曲演奏会が可能だろうか。技術面での困難は言うに及ばずだが、それ以上に音楽の広大な拡がりはピアノの音楽の臨界を極めていて、どう考えても、一人のピアニストの音楽的許容の限界を超えている。ごく初期はハイドン、モーツァルトの古典的枠内に留まっていたベートーヴェンのピアノ世界は、次第に形式内容ともに独自の生成と発展を繰り返し、ついに前人未到のアイデンティティーを確立するに至る。この広く深い領域をカバーし、自己の表現として提示するなど普通の人間には想像すら出来ないことだ。

かつて、ベートーヴェンを重要なレパートリーにしていたルドルフ・ゼルキンのレコーディングを担当したことがある。ピーター・ゼルキンの父親である謹厳なこのピアニストは、かの大曲「ハンマークラヴィア」はじめ後期のピアノ・ソナタ数曲の録音に悪戦苦闘していた。コロムビア・スタジオのスタインウェイが新しく、弾き込み不足のため少しも鳴ってくれないのだった。深夜人気のないスタジオで、もう若くないゼルキンが底の見えない深淵に向かって苦行する姿は悲愴でさえあった。そのあげく、ドイツ訛りのひどい英語で「これはベートーヴェンの音ではない」などと言って私を困らせた。

よく書かれた人生ドラマのシナリオ以上に波乱に満ちた生き様の中から辿り着いた晩年のベートーヴェンが書いたピアノ・ソナタの一つ、「ハンマークラヴィア」。そこには彼の哲学的思索の一断面が突きつけられる。ピアニストがそれにどう立ち向かい、聴き手はどんなメッセージを受け取るか。

いずれも、安易に精神的遊びの世界ではなく、容易ならざる精神創造の労苦を伴う。アメリカに移り住んでからも、ドイツ音楽が骨の髄まで滲み込んでいたゼルキンを、かくまで苦悩させた「ハンマークラヴィア」。蜘蛛の糸のように絡み合うポリフォニーの向こうに、ベートーヴェン晩年の何が見えるか。

これは、ベートーヴェンの築いたピアノ・ソナタという領域の一里塚である。その前後に、まだまだ長い様々な起伏のある行程が続く。その道行を厭わないのが山根弥生子である。多くの男性ピアニストがたじろぐこの長く嶮しい道程を、すでに三度も踏破した。そして今四回目のスタートを切ったのである。しかも今回は、レコーディングという初めてのコースを選んだ。このコースは、演奏会とはまったく別種のプレッシャーがかかって来る。記録として残り、何度でも繰り返して多くの人の耳に触れるレコードは技術的完全性はもとより、電気的・機械的再生というライヴとは別次元の表現に耐えることを要求される。

演奏会もレコーディングも演奏表現の基本に違いはないわけだが、生と再生では聴き手の条件がまったく異なるから、同一の演奏をしたのでは表現の意図が充分に伝わらないこともある。もしこの違いがないのなら、演奏会のライヴ録音ですべてこと足りることになるのだが、そうもいかないのは多くの経験が語るところである。加えてレコード（もちろんＣＤ）は資料としての価値が高いが、そこに着目して作品番号のある三二曲のソナタ以外に、三曲の選定候ソナタ、二楽章のソナチネ、小ピアノ・ソナタなど番号なしの作品を含め、ソナタと名の付いた全曲目を網羅しようという計画である。

ベートーヴェンの全ピアノ・ソナタという偉大な連峰の四度目の踏破に、レコーディングという困難なルートを選抜した山根弥生子の情熱を支えるのは、踏み込むほどに昂まるこの作曲家の精神的エネルギーではなかろうか。それはあたかも地中深くから噴出する灼熱のマグマの如くで尽きることを知らないが、その洗礼を受けるには並でない努力が必要だ。そこに彼女を駆り立てるのはベートーヴェンに共鳴する彼女の血であり、それはおそらく厳父山根銀二から受け継がれたものだ。

山根銀二は日本の音楽評論にひとつの時代を創った人であり、ベートーヴェン研究の先駆者でもあった。日本のベートーヴェン研究に、氏が果たした役割は誠に大きい。山根弥生子は、幼少の頃から父のベートーヴェンへのひたむきな姿を見て育った。生涯この作曲家への畏敬と情熱を失わなかった批評家の魂は、彼女の中に生き続けているのである。

山根弥生子のベートーヴェンへの取り組みは、熟慮を重ねた慎重なものだ。私のアドバイスにも謙虚に耳を傾け、ライヴとレコーディングの違いも充分理解しながら、納得のいくまでリテイクを繰り返す。その後に入念な編集作業がある。このペースでは何年かかるだろうか、などという私の心配をよそに、彼女は一歩一歩着実な歩みを止めない。録音に当てられたのは彼女が後進の指導に務めている洗足学園の前田ホールで、同学園の好意で全曲ここで録られる予定である。学園客員教授スタニスラフ・ブーニンのレコーディングも行われた同ホールの音響の良さは定評があり、山根／ベートーヴェンのCDに期待が大きく膨らむのである。

（※洗足学園大学の工事の都合で前田ホールで全曲は録音できなかった。）

さて、だんだんと新築の家での生活も落ち着いてくる。一九九三年六月十二日、東京文化会館小ホールでリサイタル。曲目はモーツァルト幻想曲K475、ソナタ14番K457、ウェーバーソナタOp. 24、デュカ「ラモーの主題による変奏曲」、リストの「超絶技巧練習曲」から10番ヘ短調、12番変ロ短調「雪嵐」。

一九九四年五月三日、岡山赤坂町中央公民館でベートーヴェンのソナタ「テンペスト」、ソナタ28番Op. 101、シューベルトの「即興曲」Op. 90-1、Op. 90-4、ショパンの「夜想曲」Op. 15-2、「子犬のワルツ」、「別れのワルツ」、リストの「慰め」「超絶技巧練習曲」より10番12番。

七月二日、東京文化会館小ホールで新ヴィヴァルディ合奏団、指揮ボッセと「ピアノ協奏曲の夕べ」と題してバッハの協奏曲ニ短調、モーツァルトの協奏曲13番K415、ショスタコーヴィチの協奏曲1番を弾く。この曲はとても素敵でもっと早くにレペルトアールに入れるべきだった。

一九九五年一月二十二日、伊東ひぐらし会館のオープニング記念リサイタル。伊東には、父の東大新人会時代の友人太田慶太郎さんがおられて、その弟子関係の斉藤太郎さん、武山信雄さんがいて、皆さん音楽好きで後のちまで私の応援団でいてくれた。曲目はベートーヴェンのソナタ

25番 Op. 79「かっこう」、ソナタ28番 Op. 101、シューマンの「幻想曲集」から「夕べに」「夜に」「夢のもつれ」、リストの「ラ・カンパネラ」「慰め」3番、ウェーバー「舞踏への招待」、ショパンの「子犬のワルツ」「別れのワルツ」「英雄ポロネーズ」。

六月十三日、東京文化会館小ホールでリサイタル。C・Ph・エマヌエル・バッハの「フォーリアの主題による変奏曲」、J・S・バッハの「イタリア協奏曲」、ヒンデミットのソナタ3番、シューマンの「幻想曲集」全八曲、ドビュッシーの「ピアノのために」全三曲。十月二十六日、駒込病院ロビーでミニ・コンサート。モーツァルトのソナタ11番 K331、クララ・シューマンの Op. 21「三つのロマンス」より1番、シューマン Op. 26「ウィーンの謝肉祭騒ぎ」より第四楽章。「トロイメライ」、リストの「ラ・カンパネラ」、ドビュッシーの「月の光」、「雨の庭」、ショパンの「英雄ポロネーズ」。

一九九六年六月二十八日、東京文化会館小ホールのリサイタルで「クララ・シューマン没後一〇〇年」クララ・シューマンの Op. 21「三つのロマンス」、「四つの性格的小品」Op. 5、ヨハネス・ブラームスの「シューマンの主題による変奏曲」Op. 9、ロベルト・シューマンの「幻想曲」Op. 17。五月二十五日、リベーロとまり村主催「クララ・シューマン没後一〇〇年」の演奏会の内容も六月の文化会館と同じ。

十月十三日、横浜の舞岡若葉幼稚園でリサイタル。ベートーヴェンの「選定侯ソナタ」WoO47、ソナタ「月光」、シューベルトの「即興曲」Op. 90の1番2番、ショパンの「夜想曲」

Op. 48-1、Op. 9-2、「幻想即興曲」、リストの「メフィストワルツ」。

一九九七年六月二十一日、東京文化会館小ホールで「ベートーヴェン全ピアノ・ソナタ録音記念コンサート」を行なう。曲目は「選定侯ソナタ」、「ワルトシュタイン」「優しいソナタ」WoO51 ハ長調、「月光」、32番のソナタ Op. 111。六月八日、守山スティーマーザルでのリサイタルも文化会館と同じ曲目。

一九九八年一月十四日、洗足音大前田ホールでリサイタル。ベートーヴェンのソナタ「テンペスト」、「告別」、「熱情」。

六月十三日、リベーロとまり村主催で「フランス音楽の夕べ」と題してリサイタル。クープランの「シテールの鐘」、「バスクの女」、「ティックトックショック」、ラモーの「鳥のさえずり」、「エジプトの女」、「優しい訴え」、「タンブーラン」、「めんどり」、フランクの「前奏曲コラールフーガ」、プーランクの「三つの小品」から「牧歌」、「讃歌」、「トッカータ」、ラヴェルの「夜のガスパール」全三曲。六月、守山スティーマーザルで同じプログラムでリサイタル。七月、津田ホールでも同じプログラムでリサイタル。十一月二十一日、鶴見公会堂ホールで「鶴見音楽祭ピアノ名曲の夕べ」と題してリサイタル。シューベルトの「即興曲」Op. 142の2番、3番、ベートーヴェンのソナタ「悲愴」、シューマンの「ウィーンの謝肉祭騒ぎ」、ショパンの「ワルツ」二曲、Op. 69-1、Op. 42。

一九九九年六月十八日、文化会館小ホールでリサイタル。曲目はメンデルスゾーンのソナタホ長調 Op. 6」、シューマンの「ウィーンの謝肉祭騒ぎ」Op. 26」、ワーグナーのソナタ変イ長調（ヴェーゼンドンク夫人のアルバムのために）、リストの「巡礼の年」より「ペトラルカのソネット」No. 104」、「泉のほとりで」」、「ダンテを読んで」」。

このリサイタルは母が聴いてくれた最後のリサイタルとなってしまう。この日ボッセ教授も来て下さった。彼はその後、関西に居を移され、以降お会いすることもなくこの日が最後となってしまう。母は心臓に問題を抱えていたが、ときどき入退院を繰り返しながらもなんとか元気に過ごしていてくれた。もう少し彼女のために時間を使いたかったのが、果たせなくてとても悔やんでいた。花が好きだった彼女は蘭の花の展示会に行きたがっていた。水道橋まで行けばそれが見られるのに、時間が足りなくて足を伸ばせられない。比奈子はいぜんとして魚津通いで精一杯。そばにいてくれという母に私が応えられないで隣の部屋で寝ていた。悪いけれど明日学校があるからね、と言って。こんなことならば学校を早く辞めてしまえば良かったのに。暮れも押し詰まった日、朝ごはんのテーブルに腰を掛けたはずが座布団がずれて、一緒にずるずると滑り落ちてしまった。床に落ちたというより、ゆっくり滑っただけで打ったという感じもなく、痛くもないと言うのでちょっと安心してしまったところ、一週間くらい経ってやはり具合が悪いとなって、慌てて診察してもらうと、やはり骨折です、とのこと。そこでまた私の大失敗は、今まで行きつけていた駒込病院を選ばなかったことだ。その頃、整形外科のトップらしい先生があまり親切でなかったので、駒込病院を選ばずに他の病院の整形外科に母を連れて行ってしまった。私はなんとなく、母の心臓ばかりを心配していたので、榊原記念病院（そのころ新宿に本院があった）と連絡を取り合ってそれまで何回か榊原記念病院に入退院を繰り返していたのに、目の前の骨折に慌てて慣れない病院の整形外科を選んで入院させたのが大失敗。そこが悪い病院ということではないが、骨折が悪影響して急速に心臓が悪くなってしまったのだった。もはや骨折を直している時ではなく、慌てた。榊原記念病院の先生にお願いして、そちらに転院をさせて頂きたいとお願いしたが、病院からのお願いでないと私個人の頼みでは転院できないとのこと。さて、困り果てる。どうしようかと比奈子と顔を合わせて相談するが名案はない。つまり、今のところをやめて、他の病院に行きたいと言い出せないのだが、そうこうするうちにどんどん状態が悪くなって亡くなってしまった。正月が明けて学校はちょうど期末の試験が始まったところ。卒業生たちの試験もあるが、出られないが仕方なかった。寒い冬の夜明け前、まだ太陽も登らない早朝に悲しい別れになってしまったこと、何回悔やんでも悔やみきれない。父にとっても私たち二人の娘にとってもかけがえのない太陽のような存在の母に、最後にどうしてもう少し心安らぐ思いをさせてあげられなかったのか、涙なしには語れない。

でも、悲しみに暮れている時ではない。ベートーヴェン全ソナタの録音が終わってこれから他のいろいろな曲を録音したいという思いが頭をもたげる。

二〇〇〇年の春にコジマ録音を諸貫さんが紹介して下さった。ここから、小島さんとの仕事上での長いお付き合いの始まりとなる。社長の小島さんが来て下さって、さっそくいろいろの計画をお話した。すぐ翌年二〇〇一年の秋に笠懸野（群馬県桐生近く）のホールを予約する。田んぼの真ん中にポツンとそびえるホールで町の中心からはかなり遠いが、音響はとても良い。確か東武東上線で浅草駅から桐生に向かう。二時間半くらいかかったと思う。遠足気分になりかける。録音の中身はそんなのんびりした気分に浸っているようなものではない。ブラームスのソナタ3番を老い込まないうちにぜひ録音しておきたかったので、それから取り掛かる。だいたいソナタの演奏の良し悪しは第一楽章の頭で決まってしまう。当たり前のことながら、主題から発展するのだから主張がはっきりしなくてはその後の展開はない。どうして、もう一回り身体と手が大きく生まれなかったのかとときどき思う。そんなことがあればまさに鬼に金棒か。でもその金棒がほんの少し小ぶりだったか。全力でとにかくぶつかる。幸い音楽の分野は馬力だけが主力ではないのが救い。録音を終わって丘の上のホテルに宿泊する。素晴らしい眺め。少し東京から遠いが、良い環境で気分転換にはなる。仕事の後の夜のお食事も小島さんやスタッフ全員で楽しかった。

録音はスムーズに動き出す。諸貫さん曰く、「コジマ録音には抜群に耳の良いすごい女性がいる。」それは、柳沢貴子さんのことだ。単に絶対的な物理的な音を捉えるというだけでなく、音楽への反応が優れていることがすぐ分かり、大変な良い相手と出会ったことに大喜びする。特にいつも苦労する編集の作業が彼女と出会ったことで、大安心。比奈子がいつも私の補佐役として立ち会ってくれていたが、柳沢さんにお任せで大丈夫、と引っ込んでしまった。彼女は、その後、次々に作っていったＣＤの成立に欠かせない強力なパートナーになってくれた。録音の場所も、もっと近い府中の芸術劇場のウィーンホールが使えるようになり、なんとも幸運なことになった。ブラームスの後にショパンのソナタ3番と前奏曲全曲のCDを出し、府中のホールを使える時から確かベートーヴェンの変奏曲の録音に手を染める。有名どころのディアベリ変奏曲、エロイカ変奏曲、変奏曲ハ短調WoO80。これらこの時点では私はまだベートーヴェンの変奏曲全曲の録音の望みすら抱いていない呑気ぶり。出たとこ勝負のその場の思いつきだけで、目の前の条件に順応してしまっていた。そのうちに、シューマンの大曲をこなさないと、歳を取り過ぎては無理になることに気がつき、次々にシューマンの有名曲を網羅して四枚CDを作ってしまう。ついでにシューマンに近いメンデルスゾーンも一枚作る。

その頃にベートーヴェンの変奏曲がまだ良い曲が残っていることに気づく。同時に他のバガテル等にも目が向く。気がつくと、これは独奏曲をみんな集めたら面白いし、調べ物をする人にも便利かと思いつく。父が残してくれたキンスキーの字引がとても役に立つ。それと、昔からときどき楽譜屋を遊び半分にうろついて面白そうな物をあさって歩いた頃に手に入れたいわゆる有名でない曲も戸棚に眠っていることに気づく。ヘンレの楽譜を中心にそれらをみんな集めて弾いてしまった。これが諸先生方の評価を得て、二〇一四年に音楽ペンクラブ賞を頂いた。比奈子はいろいろの面でいつも私の最高の補佐役をしてくれていた。父なき後の私の相談役は比奈子になる。父の生前は、リサイタルのプログラムの相談は主に夜の雑談のうちに進んでいくことが多かった。私が夜型人間で夕方からが一番仕事が進むので、ピアノの練習も夕方が一番良い。そうなると、夕食はいつも九時すぎにしかならないことになる。そこで、父と一杯やりながら曲目の相談に乗ってもらうことも多かった。だいたい、彼の考え方は、プログラム前半の終わりを一番内容の濃いものにするのが一番いいと言う。私は若い頃は出だしに勢いのある曲で始めないと動き出せなかった。だんだんとその傾向は穏やかな方向に向かったが、曲の選び方だけでなく、ひと晩のプログラムのどの場所に何をもってくるか、とても重要になってくる。リサイタルの終わりまで良い状態を保って弾き切れること、それと弾く方の立場だけでなく、聴く方の立場も考える必要がある。また、弾く場所の土地柄も少し考える。例えば、外国に行くとき、その国の作品と日本の作品を紹介することも忘れないようにする。なにも日本をしょって立つような大人物ではないのだから、そう気張る必要はないのだが、それでも国際的に通用できる曲目と一方では出身地を思わせる曲目もプログラムに入れることが大事になってくる。楽しいながらも大切な重要な曲選びに父が大きく力を貸してくれていた。父亡き後は、比奈子が無二のアドバイザーとなる。彼女は実はピアノもうまかった。昔、練習の音が聞こえてくると、父が「あれは比奈子だな、あいつの音の方がお前より良い音がする」と言っていた。

もし、最初からベートーヴェンのピアノ変奏曲全曲といろいろの小品まで含めたCDを考えたとすればもっと順番よく録音していけただろうものを。始めの頃、そんな野望なしに良さそうな変奏曲をつまみ食いして弾いている呑気ぶり。そのうちに弾き甲斐のある良い曲が多いのに気がつく。そしていっそのことそれらを全部録音してしまいたい衝動にかられて作ったのがこの「変奏曲と小品」になる。

録音をしっかり続けることで、学ぶことは多い。舞台の本番ではお客様の拍手に持ち上げられていい気分になっていても録音ではそのまま通用しない厳しい現実を突きつけられる。足りない表現力にがっくりしながら、なんとかもう少しうまくなりたい一心で苦心するのが少しは良い結果を招くことにつながる。年に一回の夏前のリサイタルと秋に計画する数回の録音に支えられて歩んだ思いがある。

二〇〇〇年秋の録音の前に六月二十一日、東京文化会館小ホールでリサイタル。曲目は、ジョン・フィールド「夜想曲」四曲、ショパンのソナタ3番、ソレールのソナタ三曲、アルベニスの「組曲イベリア」から「セビリアの聖体祭」「アルバイシン」、ドビュッシーの「映像」II集から「葉の間から漏れる鐘の音」、「そして月は廃寺に落ちる」、「金の魚」。特にショパンのソナタ3番には思いを込めて弾く。どうしても弾きたかったこのソナタは、母がそっと背中を支えてくれたような気がする。この曲は二〇〇二年秋の録音で弾いている。

六月三日、とまり村主催でリサイタル。東京文化会館小ホールのリサイタルと同じ曲目を弾く。

翌二〇〇一年の六月二十一日、文化会館小ホールでリサイタル。曲目はモーツァルトの「アレグロ」K400、ブラームスのソナタ3番、ドボルジャークの「詩的気分画」Op. 85より六曲。コダーイの「九つの小品」から四曲 Op. 3、バルトークの「二つのルーマニア舞曲」Op. 81-a。この曲目のなかのブラームスのソナタ3番は二〇〇一年秋の録音に備えておくために入れられている。

二〇〇二年六月二十日、文化会館小ホールでリサイタル。曲目はクープランの「前奏曲」より三曲、ショパンの「二四の前奏曲」Op. 28全曲。ドビュッシーの「前奏曲」第一巻より全曲、メシアンの「前奏曲集」より四曲。ショパンの「前奏曲」は二〇〇二年の録音のためにここで弾いている。

二〇〇三年六月十八日、東京文化会館小ホールでリサイタル。曲目は、「自作主題による三二の変奏曲」作品WoO. 80、「一五の変奏曲とフーガ変ホ長調（エロイカ変奏曲）Op. 35」、「ディアベリのワルツによる三三の変奏曲」ハ長調Op. 120。この年の秋にこれらの曲を府中の芸術劇場ウィーンホールで録音し始めた。前年から使いだした録音のためのホールは府中になった。

二〇〇四年六月二十四日、東京文化会館小ホールでリサイタル。曲目はC・Ph・エマヌエル・バッハの「私のジルバーマンのクラヴィアとの別れ」ホ短調、W・フリーデマン・バッハの「ポロネーズ」変ホ長調、シューマンの「交響的練習曲」Op. 13（遺作五曲の変奏曲を含む）、ヤナーチェクの「ピアノ・ソナタ」「一九〇五年十月一日」、ラヴェルの「クープランの墓」。

二〇〇五年六月二十三日、東京文化会館小ホールでリサイタル。曲目はJ・S・バッハの「幻想曲」ハ短調、シューマンの「幻想曲」ハ長調、ケルビーニの「ピアノまたはオルガンのための幻想曲」、V・ダンディの「フランスのロンドの古いアリアによるピアノのための幻想曲」、ショパン「幻想曲」Op. 49。

二〇〇六年六月二十二日、東京文化会館小ホールでリサイタル。曲目はハイドン「アンダンテと変奏」へ短調、シューマンの「クライスレリアーナ」Op. 16、ショパンの「バラード」2番、「スケルツォ」第1番、「夜想曲」Op. 27-1, 2、「スケルツォ」第4番。この曲目のなかのシューマンの「クライスレリアーナ」は秋の録音の目標となっている。

二〇〇七年六月のリサイタルの三日前に比奈子に異変が起きる。顔が妙に歪んでいることに気づき、私が「病院に行こう」と言っても彼女は承知しない。三日後の私のリサイタルに気を使ってのことだ。夕方、マッサージに出かけると言って出かけたが、すぐ戻って来る。「マッサージどころではない。すぐ病院に行け」とマッサージ師に言われて夕方、タクシーで駒込病院に行く。即入院となるが、もう時間が遅くて検査は翌日にならざるを得ない。幸い、軽い脳梗塞で一週間ほどで退院できたが、治ったわけではないのだから、気をつけて下さい、と念を押された。それにしても、魚津の学校に毎週まるまる四日も行っていたのが、大変なストレスになっていたと思う。

比奈子は入院中だったが、二〇〇七年六月二十日、東京文化会館小ホールでリサイタルはなんとか乗り切った。曲目はC・Ph・エマヌエル・バッハの「スペインのフォリアによる一二の変奏曲、J・S・バッハの「パルティータ」第1番変ロ長調、メンデルスゾーンの「前奏曲とフーガ」ホ短調 Op. 35-1、「厳格な変奏曲」ニ短調 Op. 54、シューマンの「ダヴィッド同盟舞曲集」

Op. 6、ショパンの「スケルツォ」第3番。秋の録音のための曲はシューマンの「ダヴィッド同盟舞曲集」Op. 6だ。

二〇〇八年六月十九日、東京文化会館小ホールでリサイタル。曲目はハイドンソナタハ短調、シューベルトの「四つの即興曲」遺作一四二、メンデルスゾーンのソナタホ長調Op. 6、ショパンの「即興曲」第二番嬰ヘ長調、「スケルツォ」第2番。

二〇〇九年六月十八日、東京文化会館小ホールでリサイタル。曲目はモーツァルトのソナタ12番K332、シューベルトの「四つの即興曲」Op. 90、デュカの「ラモーの主題による変奏曲―間奏曲―終曲」、リストの「超絶技巧練習曲」より「鬼火」、「風景」、「バッハの動機による変奏曲」。

二〇一〇年五月八日、伊東市観光会館ホールでリサイタル。曲目は、六月の文化会館小ホールのリサイタルと同じ曲を弾いている。

六月二十二日、東京文化会館小ホールでリサイタル。曲目はベートーヴェンの「アンダンテファヴォリ」WoO. 57、「二四の変奏曲」WoO. 65、「一〇の変奏曲」WoO. 73、「ファンタジー」ト短調Op. 77、ブラームスの「カプリッチョ」ト短調Op. 116-3、ロ短調Op. 76-2、「ヘンデルの主題による変奏曲とフーガ」Op. 24。

コジマ録音との良い共働はその後も順調に夏前の東京のリサイタルでの生演奏と秋の録音を両立させながら幸せな時が続く。二〇一〇年秋の録音の前に比奈子の背中に異変が起きてしまう。歩き方がとても遅くなり、辛そうに歩いていたが、まさか骨折とは考えもしなかった。九月の終わりの週に急に背中に激痛が走って動けなくなってしまう。それでも私の仕事を優先して、比奈子は病院に行くのをためらう。仕方なく、居間のソファーに横たわって私の帰りを待ってもらっていた。暗い部屋に一人置いて録音に出かけてしまった。いくら大事な録音と言ったって、一回や二回延期しても比奈子を優先して病院に行くべきところだったのを本当に申し訳なく思っている。またその日は、よりによって台風が近づいていて交通が大混乱。いつもなら市ヶ谷から都営新宿線に乗ってそれが京王線に乗り入れる交通網が混乱して市ヶ谷から乗れない。仕方なく、新宿までJR線で行き大混乱のホームをなんとか横切りながら京王線に乗り移り府中まで行って、録音をやった記憶がある。病院にやっと行けたのは、痛みが起きてから一週間も経ってしまっていた。九段坂病院が近いいし、整形外科が有名なのでそこがいいだろうと、駒込病院の眼科の菅田先生が院長先生宛に紹介状を書いて下さった。それを携えて行くが、とても混んでいてしばらくは院長先生の予約は取れない。そこで、他の若先生を紹介して頂いた。入院したければ入院してもよいし、家にいたければそれもあり、ということで、比奈子はもちろん家にいることを望んだ。今になって考えればあのとき、早く入院すべきだったのでは、と後悔する。二〇一一年春になって、院長先生の診察を受けられることになった。手術を勧められたが、よく考えてからするように、と言われた。いずれにしても病院の手術の順番が満杯ですぐには不可能。さて、よく考えてと言われても、結局は考え方は手術をするかしないかの二つしかない。どちらを選ぶべきか、とても判断に苦しむ。結局、誰の意見を聞いても最後に自分がどちらかを選ぶしかない。

苦しんだが、前に進んで、手術に踏み切ることを決意して確か、二〇一二年の二月の初めに手術を受けた。六、七時間に及ぶ大手術だった。背骨のほとんど全部を人工の骨に支えられることになる。甲冑のようなコルセットを半年も付けることになる。私は、毎日二回病院に通った。先生方は食べ物は何を持ち込んでもよいと言われるので、少しでも比奈子に食べさせることが大事と考え、気をつけながらも刺身でも何でも食欲をそそる物を運んで少しでも栄養がつくように考えた。半年の長い入院からやっと解放されて六月に家に戻った。そして六月の私のリサイタルには来てくれた。比奈子は順調に回復したが、その後、なにか引っかかる痛みが残り、悩む。再度病院で調べてもらったところ、背中の上部になにか不必要な骨が残っているらしいことが判明。それを取り除くため、二〇一三年二月頃に再入院。また四ヶ月くらいで退院してやっと全快した。ゆっくりリハビリをやりながら、回復を喜ぶ。歩行器につかまりながらも少しは自力で歩けるようになって、安心する。本当に長い辛い入院生活だった。

そんな間も私の方の夏休み前のリサイタルと録音は続いていた。二〇一一年六月二十二日、恒例のリサイタルを東京文化会館小ホールで弾く。曲目はブラームスの「創作主題による変奏曲」Op. 21-1、「シューマンの主題による変奏曲」Op. 9、「スケルツォ」Op. 4、モーツァルトの「アンダンテ」へ長調 K616、「アダージョ」K540、ショパンの「ノクターン」ハ短調 Op. 48-1、「舟唄」、「バラード」第1番。

二〇一二年六月二十一日、東京文化会館小ホールでリサイタル。曲目はモーツァルトのソナタ変ロ長調K333、フランクの「前奏曲、コラールとフーガ」、ドビュッシーの「ピアノのために」、ショパンの「華麗なる変奏曲」変ロ長調Op. 12、「ノクターン」嬰ヘ短調Op. 48-2、「バラード」第4番。同じ曲のリサイタルを五月二十六日、伊東市観光会館ホールで弾いている。

二〇一三年六月二十日、東京文化会館小ホールでリサイタル。曲目はベートーヴェンの「ロンド」ト長調Op. 51-2、「アレグレット」ハ短調WoO. 53、「バガテル」WoO. 52、「ロンド・カプリチオーゾ」ト長調Op. 129、プロコフィエフのソナタ第二番Op. 14、クープランの「前奏曲」、「踊り子・バスク」、「シテール島の鐘」、「ティック・トック・ショック」、ラモーの「鳥たちの集合ラッパ」、「陽気な女」、「雌鶏」、「タンブラン」、ドビュッシーの「版画」より「グラナダの夕べ」「雨の庭」、「仮面」、「喜びの島」。

二〇一四年は文化会館小ホールは改修工事のため使えず、リサイタルはなしとする。小ホールにこだわる理由は、あのホールの音響の良さとそれにもまして経済的条件も大きな理由。都のもっているホールゆえ、都民には賃貸料金が格安というのは大きい。だいたい、毎年、東京のリサイタルは全部自分で動いて開催していた。マネージャーにお願いすればいい、と言われるが手数料がなかなか賄えないのが実情。それにマネージャーにお願いしても欲しいホールが手に入った試しがない。私の場合、東京文化会館のことだが、人気のホールには人が殺到するのが当たり前。依頼の書類を出して審査を通過したあと、やっと当落が判明する。そこで毎年早めに用意を整え、書類を持参して文化会館の事務所に直接自分で持って行っていた。目指す期日の一年三ヶ月前が申し込みの時期だった。最初の頃、何回か外れて他のホールを使うことがあったが、一九九〇年頃から幸いにも毎年リサイタルを小ホールで弾くことができてとてもありがたかった。とにかく自分でできることは何でも自分でやってしまうのが私流。父がだいたい、必要なことは小まめにやる性分だったし、昔、入場税などという、嫌な税金を入場券にかけられていた頃は父が私の切符に必要なハンコを押すのに税務署まで行ってそれをやってくれていたのだった。指定席の番号を切符に打ち込む作業も自分でやっていた。外国との通信も紹介された後はだいたい自分でこなした。話の内容がギャラのこと、旅行のルート、旅費の負担、ホテルと滞在費、その他曲目提案とか、だいたい限られた話でそんなに込み入った話ではないので、なんとかやれたのだ。二〇一五年、東京文化会館ホールは再開するが、私の背骨に問題が起きる。背中に違和感があり、調べてもらうと骨が少々良くないことが判明。大事を取って予定していたリサイタルをさっさとやめてしまった。

二〇一四年、二〇一五年、二年続けて休むことになる。もしかするとこの異変が、後の圧迫骨折の始まりだったのか。幸いなんとか回復したようで、二〇一六年六月二十二日、二年休んだ後に東京文化会館小ホールでリサイタルを再開する。曲目はベートーヴェンの「ウラニッキーのバレエ《森の乙女》による一二の変奏曲、ジュースマイヤーの歌劇《三人のサルタン娘》から（ふざけて、たわむれて）による八つの変奏曲、ソナタ「ワルトシュタイン」」、フォーレの「夜想曲」Op. 33-1、「即興曲」Op. 31、シャブリエの「牧歌」「スケルツォ・ワルツ」、バルトークの「田舎の夕方」、「ミクロコスモス」第六巻より「自由な変奏曲」、「はえのおしゃべり」、「オスティナート」、「少女の肖像画」Op. 9b-1、「ルーマニア舞曲」Op. 8a-1。

二〇一七年六月二十一日、東京文化会館小ホールでリサイタル。曲目はC・Ph・エマヌエル・バッハの『《スペインのフォリア》による一二の変奏曲』、J・S・バッハの「イタリア協奏曲へ長調」、ヒンデミットのソナタ第3番、シューマンの「蝶々」Op. 2、ショパンの「夜想曲」へ長調Op. 15-1、嬰へ長調Op. 15-2、「幻想曲」へ短調Op. 49。

二〇一八年六月二十日、東京文化会館小ホールでリサイタル。曲目はベートーヴェンの「三二の変奏曲」ハ短調、「グレトリーの歌劇《リチャード獅子心王》からロマンス（燃える心）の主題による八つの変奏曲、ソナタ28番Op. 101、メンデルスゾーンの「無言歌集」より五曲「五月のそよ風」、「ヴェネティアの舟唄」、「春の歌」、「紡ぎ歌」、「デュエット」、モンボウの「プレリュード」5番、6番、7番、ラヴェルの「鏡」より「悲しい鳥」、「道化師の朝の歌」。

そして最後となってしまう二〇一九年六月二十一日、東京文化会館小ホールでリサイタル。曲目はハイドン「アンダンテと変奏曲」へ短調、シューベルトのソナタ第21番変ロ長調、宅孝二「ソナチネ」、ライシガー「ウェーバーの最後の想い」、ウェーバー「舞踏への招待」Op. 65、リストの「忘れられたワルツ」、「ペトラルカのソネット」「演奏会用練習曲」第2番へ短調。もしこれが最後とわかっていたならば曲目の前半にはベートーヴェンを弾いておきたかったが、遅すぎて間に合わなかった。先がまだあるかと思っていた大きな誤算！　順番は半分忘れかけているが、毎年、新しいＣＤを出していた。二〇一四年にミュージック・ペンクラブ賞を頂いたベートーヴェンのソナタ以外のピアノ独奏曲を全曲網羅して（現時点で私が手を尽くして調べ得る限りの）二枚組を三組のＣＤにまとめた。その他、ショパン三枚、シューマンが四枚、メンデルスゾーン一枚、モーツァルトがソナタと小品の組み合わせで三枚あるが、モーツァルトはいろいろロマン派の曲の間に少しずつ入れて収録していた物。手を休めるというか、気分を変えるのにロマン派の作品の間に入れるとやり易い。本当はモーツァルトは、協奏曲を録音しておきたかったが、オーケストラを使う財政上の理由でモーツァルトのピアノ協奏曲の録音は実現できなかった。モーツァルトはソナタ全曲にはまだ及ばないが、主要作品はほとんど録音している。もしまだ生きていられるなら、そしてまだピアノが弾ける状態だったら残る何曲かのソナタを弾きたい気持ちはある。ブラームス二枚、シューベルト二枚、フランス物も二枚、近現代物一枚とヒンデミット、プロコフィエフ、バルトーク、ヤナーチェック、メシアンを入れたＣＤを出している。

私の圧迫骨折は二〇一五年の軽い兆候が一度治った後に再発してだんだん悪化したものと思っている。どうしても弾いておきたかったバッハの平均律の録音はだいぶ進んではいたが、まだ五分の一くらい残っているところで二〇二〇年九月にはっきり骨折が判明。二〇二〇年はいつもの夏前のリサイタルは幸いにも計画しなかった。まるでその頃のコロナ禍を予見したかのように見えるが、早くバッハの録音を仕上げたい一心でそちらに目が向いていたのでリサイタルは休んだのだった。それが二〇二〇年春頃からコロナの猛威が奮い出してしまった。リサイタルのホールを予約しなかったのは不幸中の幸いだったかも、ということになる。比奈子も良い方向に向く、ということもなく、途方に暮れた挙句、自宅を一時出て、介護付き住宅に行ってみることにする。母の従兄弟が入っていた住宅の別棟にちょうど二部屋空きがあったのでそれを借りて一時移住するが、なんと運悪く、その住宅で集団感染が発生してしまい、入って一週間足らずで二人ともコロナに感染してしまう。比奈子は私より重症で、四週間くらい入院せざるを得なかった。私は幸い一週間くらい、別の病院に入院して大したこともなく出てこられたが、比奈子の方はなかなかそんなことではすまない。豊島病院、大塚病院、竹川病院、女子医大の分院など、転々と病院をはしごせざるを得なかった。私の方は手を付けたバッハの録音が中断したままなのが、気が気ではなくなってくる。なんとか生きている間にこれだけは弾いておきたい。二〇二一年春頃から、移住していた練馬の介護住宅から車で二、三日おきに市ヶ谷の自宅に戻っては少しずつ練習を繰り返した。普通の高さに座ったのでは背中の長さが骨折で短くなった分、椅子の高さを高くしないと弾けなくなってしまった。もう生演奏は諦めざるを得ない。バッハの平均律はとても暗譜できる曲ではないので、演奏会での生演奏は最初から考えていなかったが、録音だけはなんとかして終わりまで弾きたかった。たぶん二〇一六年または二〇一七年に録音し始めたが、だいぶ終わりに近づいたところでコロナの禍に妨げられ中断したが、二〇二一年春先から少しずつ復活して二〇二二年になんとか完結して、二〇二三年に発売できた。長い年月がかかったが、やっと、終わることができて本当に嬉しかった。

その後、二〇二四年「日本の作曲家を集めた二枚組（宅孝二・松平頼則・宍戸睦郎・諸井誠・牧野由多可・清瀬保二・甲斐直彦）を出している。

ショパンのバラード四曲は、相沢昭八郎さんが録ってくれたＬＰ版の最後で、まだＣＤ化していない。実はもう一度新しくショパンのバラードを録り直そうと思ったが、あの頃の情熱にいまだ達する力がないことに気がつき、あの時の録音をＣＤに再生できればＣＤ化したいと考えているが、どういう形でまとめるかはまだ思案中である。

そしてもし可能なら母の好きだった小品をまとめた一枚を彼女に捧げるＣＤにしたい希望もあるが多分もう無理か。

終わりに

いろいろお世話になった方々のことも懐かしく思い出される。ピアノ関係では、渡辺知世先生、寺西昭子先生、有賀和子先生、パリ時代の田中希代子さん、高野輝子さん、金沢稀伊子さん、長いこと比奈子の伴奏をしてくれくださった田辺緑さん京都の、小梶詔子さん、いつも応援団で演奏会に来てくれたマリンバ奏者の水野さん、伊東の応援団の太田慶太郎先生や若い仲間の方々、斉藤太郎さん、武山信夫さん、甲斐田さん、西川一枝さん、労音の阿久沢実さん、信子さん姉弟（リサイタル当日いつももろもろの仕事を手伝ってくださってきた）、那須田先生、青沢先生、渡辺茂先生、浜田滋郎先生、駒込病院の室隆雄先生、木下健二先生、斉藤静一さん御夫妻。小塩節御夫妻には、三、四年前までご存命中によくお電話で意見を伺ったことを懐かしく思い出す。その一つにアンコールの弾き方について、「弥生子さん、もう駆け出しではないので、すぐに舞台に現われて弾きだすのはよくない」と言われた。こっちはいつまでも若いつもりで万事反応が早すぎるのがまずいのだ。思い出してみれば、日本でデビューしたての一九六〇年代では、お客様は今より、だいぶ穏やかだった。外国では、アンコールは二、三回弾かずに舞台に出入りしてお辞儀だけをした後に、始めてアンコール用の曲を弾いていたが、昔の日本では二、三回も弾かずに出入りしたら、お客様は、もう弾かないものとして、帰ってしまう。それで一回くらいお辞儀した後は、すぐにアンコール曲を弾くことにしていた。押し売りはまずいのだが、私自身は聴きたくなければ帰ればよい、と勝手に考えていたが、皆さんがそういうわけではないらしいことを知る。ありがたい忠告である。アンコールの曲目、告げる場合、告げない場合、さて、どちらにする？　演奏者の生の声を喜んで下さる方も多いのも事実。でも、はっきり聞こえなくてうやむやに終わることもけっこう多い。これは逆になんだがわからなくてイライラする。できればゆっくり大きな声ではっきり言えば良いということなのだ。

パリに行ったばかりの頃お世話になった日本大使館の井川御夫妻、その後、忙しさにかまけてご連絡をしそびれてしまった。ベルリンから帰った頃から恩になった方のなかには、歯科医の横田東一先生、私のことを「弥生子さんの演奏はデッサンがしっかりしていい」と褒めて下さっていた、父がすっかり気が合って一家で横田歯科にお世話になっていた。現在はお孫さんの代となる。東一先生は「弥生子さんが総入れ歯になるまで頑張るぞ」と言っておられた。いま三代目の横田歯科から出張して若い鶴岡先生が来てくださる。ナホトカの丘で知り合ったお二人の物理学者、垣花秀武先生、中根良平先生にも長い間お付き合い頂いていた。お二人とも、毎年のように私の東京での会に来て下さっていた。垣花先生は晩年、リクライニングのベッドでご家族の介護のもと、上野の文化会館の私のリサイタルにも何度も来て下さった。御家族の手厚い介護ぶりにも感動。中根先生にはCDのブックレットに文章を寄せて頂いたこともある。垣花先生のご令息にも引き続き応援頂いている。そんなにまでして聴きに来てくださる方々に感謝の言葉を何回繰り返しても足りない。

外交官としてはルーマニアの光藤大使御夫妻のことを思い出す。ブカレストに何回も行ったが、そのたび半分我が家に出入りするくらいの頻度でお邪魔してはご馳走になったり、楽しい会話をさせて頂いたものだ。モスクワ大使館で秘書をされていた勝本繭子さん、モスクワ滞在中に何回も自宅にお邪魔させて頂いた。帰国後、大使館員の方の結婚式がありそこでばったり再会をした。以後二〇一九年の私の最後のリサイタルまで毎年熱心に応援に来て下さっていた。彼女の父上は著名な文芸評論家、勝本清一郎氏と伺っている。もちろん、ご存命ではないし、父とも同年代ながら知り合いではなかった。彼女自身もピアノが好きでかなり弾けたらしい。コロナが諸悪の根源。あれ以来、音信不通。

いま思い出しても本当に残念だったことがある。チェロの井上頼豊先生と共演をしなかったことだ。実は相沢さんが、生前私に頼豊先生とソナタを合奏して録音しないか、と話されたことがあった。私も少なからず心を動かされた。やるなら、まずベートーヴェンのチェロ・ソナタだが、心配なのはその用意のための時間の問題。まだ私自身のベートーヴェンのピアノ・ソナタ全集の録音が終わってなかった頃だったかと思う。そしてベートーヴェン以外にも弾いておきたいソロの曲がまだ山のようにある。まずそれらをやってからでないと、手を伸ばせないように感じてしまって、相沢さんのお誘いに乗れないうちに井上先生は逝ってしまわれた。心から残念に思う。

室内楽の分野も特に弦楽器のソナタやピアノ・トリオなどには名曲が多い。練習が間に合うならぜひやるべきだったのに機会を逃してしまった。でも、ソロにこだわったのは少し理由はある。ドイツ人は特にソリストと伴奏者、室内楽奏者をかなり区別する。あなたには独奏者として活躍してもらいたいから、例えば例外的に比奈子とたまに共演するというのは良いが、それ以上多くの伴奏、合奏はして欲しくない、と言われていた。少なからずこの言葉に影響されてブレーキがかかりすぎていたきらいもある。一方、やはり仕事のやりすぎは破綻するのは明らか。この見定めをどこで決めるか、とても難しい。

もう一つ悔いるのは、比奈子の元気なうちに、シューマンの歌曲をもっと一緒に録音しておかなかったことだ。シューマンの歌曲のピアノ・パートの美しさは素晴らしいものが多い。これも私がまごまごしているうちに、時を逃がしてしまったうちの一つ。

もう一度生まれ変わっても、やはりピアノをやりたいものだ。

●著者略歴
山根弥生子（やまね・やえこ）
1933年、東京生まれ。ピアニスト。清泉女学院高校中退。1953年、パリ国立音楽院ピアノ科プルミエプリを得て卒業。チューリッヒ音楽院（M・エッガーに師事）、ベルリン音大（H・ロロフ）、モスクワ音楽院（J・フリエール）で勉強をつづける。帰国以後は国内外で演奏。海外ではフランス、スイス、ドイツ、チェコスロバキア、ポーランド、ルーマニア、ロシア、中国に及ぶ演奏旅行をおこなう。CD録音にはベートーヴェンの全ソナタをふくむ全ピアノ独奏曲全曲、バッハの平均律クラヴィア曲集全2巻、その他ショパン、シューマン、ブラームス等の主要作品がある。

生まれ変わってもピアニスト
——山根弥生子自叙伝

2025年3月20日　初版第一刷発行

本体2400円＋税————定価

山根弥生子———著者

西谷能英————発行者

株式会社　未來社————発行所

東京都世田谷区船橋1－18－9
振替00170-3-87385
電話(03)6432-6281
http://www.miraisha.co.jp/
Email:info@miraisha.co.jp

萩原印刷————印刷・製本

ISBN 978-4-624-71104-7 C0073

山根銀二著

『ベートーヴェン研究（合本）』

A5判上製カバー・一一二〇頁・定価（本体一八〇〇〇円＋税）

ベートーヴェンの芸術創造、人間的苦悩、失意に充ちた生涯を会話帖や手紙類等の遺された膨大な資料を駆使し、これまでの伝記的通説を批判的に検討した大著。一九七四〜一九七五年にかけて三冊本として刊行され、一九七六年の鳥居賞（現在のサントリー学芸賞）を受賞した。このベートーヴェン研究の決定版を読者の要望に応え、合本として復刊する。合本にともない索引も一新した。二〇二〇年のベートーヴェン生誕二五〇年に因んだ名著の歴史的復活。図版も多数収録。